Zoltan Magyar

Weiße Träume

Über die mediterrane Architektur

minifanal.de

Zoltan Magyar:
Weiße Träume.
Über die mediterrane Architektur

ISBN 978-3-95421-149-4

1. Auflage, 2019

Verlag: minifanal

www.minifanal.de

Herausgeber:

© Dirk Friedrich

Dorfstr. 57a, 53125 Bonn

Covergestaltung: Marian Jaworski

zoltan@magyar.de

Inhaltsverzeichnis

Anlass für dieses Buch war ein DAB-Essay zu Ästhetik in der Architektur.

DAB

DEUTSCHES
ARCHITEKTENBLATT
01·2018 Baden-Württemberg

Leserbrief

Terragni nicht vergessen!

Darf dieser Bau schön sein?
Ausgabe 12.2017, Seite 26

Darf das Colosseo quadrato in Roms Stadtteil EUR schön sein? Erst einmal: Als Jugendlicher habe ich in Dalmatien nacheinander italienische und deutsche Besatzung erlebt, erst als das Giovinezza-Lied singender „avanguardista" und dann geduckt das Kriegsende erwartend. Hitlers Faschismus ist nicht mit dem Mussolinis zu vergleichen. Und noch deutlicher unvergleichbar ist die Speer-Architektur mit dem mediterranen Razionalismo, bei dem bisweilen auch eine gewisse Romanità dazwischen funkt – etwa seitens des Architekten Marcello Piacentini (1881–1960), von dem der Städtebau für EUR mit dem Colosseo stammt. Ich bin um diesen Koloss herumgegangen und habe ihn aus allen Perspektiven angeschaut. Ich war auch in Como, wo ich die Casa del Fascio erleben durfte. Kein Bild und kein Foto kann diese Poesie der klassischen Moderne wiedergeben! Auch kein Objekt der Weißenhofsiedlung rückt diesem weißen Traum nahe – diesem „sogno bianco". Faschismus oder Demokratie hin oder her, wenn man über schöpferische Beispiele der Architekturschönheit reden will, darf auch der ewig jung gebliebene Architekt Giuseppe Terragni (1904–1943) nicht vergessen werden.
Dr. Zoltan Magyar, Architekturhistoriker, Karlsruhe

Daraufhin bekam ich diese Mail:

„Sie sprechen mir aus dem Herzen, Besten Dank dafür."

Wie komme ich dazu...

... über die italienische Architektur zu schreiben? Weil ich nun mal Diplom-Ingenieur für Architektur bin, dazu Magister der Geschichte und promovierter Architekturhistoriker. Darüber hinaus bin ich in den Jahren 1941-43 sogar italienischer Staatsbürger gewesen.

Das war so: Mein Großvater kam aus Budapest in den entlegensten Winkel der Donaumonarchie – in das noch spürbar venezianisch geprägte Dalmatien –, um dort ein Hotel zu bauen. Seinen künstlerisch begabten Sohn, meinen Vater, ließ er in Rom und Florenz ausbilden: hier eine von ihm angefertigte Aquarelldarstellung des Hotels. Dann änderte sich die Welt gewaltig – das geerbte Hotel befand sich plötzlich in Jugoslawien, und dort wurde ich 1928 geboren.

Gerade Gymnasiast geworden, bombardierten italienische Flugzeuge den benachbarten Hafen des Dorfes Zelenika. Dann preschten Bersaglieri aus Albanien heran und umkreisten auf donnernden Motorrädern und mit flatternden Federbüschen auf ihren runden Helmen den Hotelpark. Man rief die *„Provincia di Cattaro"* aus und annektierte sie – so sind wir italienische Staatsangehörige geworden. Bei uns wurden Offiziere einquartiert, aber nicht die quirligen Bersaglieri, sondern, direkt aus Italien nach Zelenika verschifft, die gemächlich schreitenden Alpini, mit nur einer Feder auf ihren sonderbaren Hüten. Diese Soldaten sollten dort in den Bergen die aufmüp-

L'alpino con su mulo

Nachzeichnung des Autors

figen Partisanen be-
kämpfen: Zelenika wur-
de mit seinem Hafen
und der Lager-Infra-
struktur für die folgen-
den zwei Jahre ein lo-
gistischer Knotenpunkt
Italiens. Seine schöne Sprache blieb einfach an
mir haften, schon nach wenigen Wochen
sprach ich italienisch. Vielmehr: Als ein Tenen-
te mit mir unbedingt kroatisch sprechen wollte
– und dabei seine Zunge an den vielen Konso-
nanten zerbrach –, habe ich ihn ersucht, bitte sagen sie es doch auf Italienisch, so versteht man es besser.

Bald sind gar ihre Dialekte unterscheidbar geworden: venezianisch ohnehin;
florentinisch, das in der Lage ist das „h" auszusprechen; und auch der läs-
sig-römische Akzent. Ebenso differenzierte sich der überlaut gestikulieren-
de Neapolitaner, der es so eilig hat, dass er die letzten Wortsilben ver-
schluckt, von dem manchmal völlig unverständlichen Sizilianer, mit seinem
gutturalen „r".

Der neue Schulleiter in Castelnuovo sprach italienisch vom Balkon herab:
„Ihr Boccheser! – ihr habt noch zuletzt die Republik Venedig vor Napoleon
verteidigt. Ihr habt hier, vor den damals anrückenden Österreichern, die
Löwenfahne San Marcos weinend eingeholt. Die alten Häuser in der Bucht,
auch eure Mundart, selbst der Name eurer Heimat – Bocca – verkünden
immerwährend die Zugehörigkeit dieser Bucht zu Venedig. Italien kommt
hier nicht als Eroberer, es kehrt zu euch wieder zurück". Nun, diese „zu-
rückgekehrten" Italiener bemühten sich wirklich, freundlich zu sein. Die
Verpflegung war einwandfrei, die Magazine in Zelenika waren berstend voll,
große Schiffe legten immer wieder vollbeladen an. Manche Abiturienten bekamen gar Stipendien für die Universität in Padua – wo schon im Mittelalter ein Treffpunkt der Studiosi aus Cattaro gewesen war. Allerdings wurden
alle Kinder, Jugendlichen und auch die Erwachsenen faschistisch verein-

nahmt. Es war gerade der XX. Jahrestag des „Marcia su Roma". Meine beiden kleineren Brüder bekamen Uniformen der „Balilla", ich selbst gehörte schon zur „Avanguardia": eine komplette Militäruniform mit schwarzem Pullover, weißen Koppeln und Gamaschen sowie natürlich die schwarze faschistische Mütze mit dem Quast oben drauf. *„Littorali"*-Versammlungen mit militärischen Übungen wurden organisiert. *„Passo romano"* – Parademarsch, Füße schulterhoch, bei schmissigem *„Giovinezza"*-Lied, an das ich mich noch heute erinnere: *„eia-eia-alala!"* Es gab Kulturveranstaltungen, gelegentlich mit harmlosen Gästen aus Italien, aber auch faschistische Erziehung.

Der Turnlehrer des Gymnasiums versuchte darzulegen – indem er auf all das Gute verwies, das uns nun zuteilwurde –, dass der Faschismus sehr menschenbezogen ist, aber eben auch kämpferisch und bewusst national. Der Mensch allein erlange seine Geltung nur als Staatsbürger, er brauche aber Führung, am besten durch militärische Autorität. Denn nur der Krieg sporne die menschlichen Energien in höchstem Maße an. Aktionismus sollte es immer sein, auch ohne festen Plan und Konzept. Dabei ist der Faschismus auch stets anpassungsfähig – hieß es –, allerdings immer mit einem starkem Machtstreben, und zwar gestärkt durch die Geschichte Roms. Alle diese Aufgaben lassen Einen aber hilflos dastehen, deshalb gilt nur: Glauben, Gehorsam, Kampf! *„Credere, obbedire, combattere!"*
Das stand überall mit schwarzen Buchstaben an die Wände gemalt, auch zusammen mit anderen Parolen, wie *„Vinceremo!"* oder Zitaten von Mussolini nebst schablonengemalten, martialisch behelmten Antlitzen des Duce und des Königs.

Uns jedoch brachte der italienische Eifer, die Jugend neu zu erziehen besonderen Ärger ein: Die Organisation *„Gioventù Italiana del'Littorio"* (GIL) fand Gefallen an unserem Strandhotel mit dem weiten Park – für eine Kinderkolonie. Mein Vater wehrte sich vergeblich dagegen. Der Präfekt von Cattaro ermächtigte die GIL-Organisation, rücksichtslos vorzugehen, da der Hauseigentümer ein ungehorsamer Dickschädel sei. Er wurde verhaftet und kurzerhand nach Italien verbannt. Die italofaschistische Methode war nämlich nicht Dachau, sondern Verbannung in irgendein Kaff, zwar bewegungsfrei, aber mit täglicher Meldepflicht bei den Carabinieri. Mein Vater arrangierte sich dort in den Abruzzen sogar ganz gut und lebte wohlbehalten bis zur Rückkehr nach Kriegsende. Nur unter deutscher Besatzung musste er seine Herkunft vertuschen und gab sich als Kunstmaler aus Rom aus, da er diesen Dialekt fließend beherrschte.

Unterdessen die Zustände im Hotel: Die Offiziere und die GIL-Kolonie zahlten zwar Miete, uns blieb aber nur der Betrieb eines Kaffeehauses übrig. Draußen am Parkeingang stellte man ein Tor aus Sperrholz in „M"-Form auf, für Mussolini, versehen mit der Überschrift *„Colonia Mussolini"*. Dann füllte sich alles, Park, große Teile des Hauses und der Strand, mit Kindern im Balilla-Alter, Schulkinder aus der ganzen Provinz wurden hier versammelt. Neben dem unbeschwerten Zeitvertreib wurden sie auch mit ernsthaften Übungen beschäftigt: disziplinierte Märsche durch den Park, verschiedene Auftritte, Appelle, Fahnenzeremonien unter Fanfarengeschmetter und Intonierung der Giovinezza-Hymne. Ein Elite-Abteilung war sogar mit voll schießfähigen Minikarabinern bewaffnet. Diese Kinder schoben mit aufgeklapptem Bajonett vor dem M-Tor Wache. Allesamt unter dem altrömischen Fasces-Symbol.

Balilla

Avanguardista
presentando arme

Diese Operette endete mit der Landung der Alliierten auf Sizilien, Mussolini wurde abgesetzt und auf die Italiener wartete die Flucht über die Adria – ein Wettrennen, um es mit einem der Transporte zu schaffen – oder Kriegsgefangenschaft unter deutscher Besatzung. Es folgte dann noch ein düsteres Kriegsjahr unter zunehmendem Druck der Partisanen und mit alliierten Luftangriffen. So war die deutsche Besatzung schon im November 1944 vorbei und Jugoslawien gründete sich zum zweiten Mal, jetzt als föderale Volksrepublik. Damit wurde unser Familienhotel in der Teilrepublik

Montenegro verstaatlicht und ich trat meine Fachschulung als Architekt an. Heute lebe ich als greiser Rentner in Karlsruhe und bin seit 1996 auch studierter Historiker, mit bestbenoteter Magisterarbeit: *Stahlbeton als Faktor der Moderne – Betrachtung des Stahlbetons als Beeinflussungsfaktor in der Architektur der „Moderne", mit Blick auf Italien, von der Jahrhundertwende bis 1968,* am Lehrstuhl für Technikgeschichte der Universität Karlsruhe.

Dr. Zoltan Magyar

Eine Kulturgeschichte Italiens
von ca. 1900 bis 1968

Nach der langwierigen Epoche des Risorgimento (Wiedererstehung) vollendete sich das Königreich Italien 1870 etwa in den heutigen Grenzen, und zwar mit Entwicklungsimpulsen nur im Norden, während selbst Rom als eine Museumsstadt verharrte. Der Gegensatz zum Süden führte, und führt bis heute, zu einem Opportunismus, welcher die Zustände als vom Schicksal gegeben betrachtete. Außenpolitisch hatte man sich ja auch nach Norden orientiert: nach dem Ende des deutsch-österreichischen Konfliktes eben dorthin, später gar unter Bildung eines Dreibundes. Die Kolonialbestrebungen jedoch scheiterten kläglich – 1896 bei Adua in Abessinien. Damit kochte die innere Krise hoch, Unruhen brachen in Süditalien aus und im ganzen Land beinahe Panik, als 1900 ein Anarchist den König Umberto umbrachte. Doch 1911 führte Italien erfolgreich Krieg gegen die Türkei, er-

oberte Libyen und die Dodekanes-Inseln. Anfang des Jahrhunderts war Italien also ein kontrastierendes Land: im Norden modern, im Süden gänzlich rückständig, sogar mit weit verbreitetem Analphabetismus, und insgesamt mit Minderwertigkeitsgefühlen belastet. Die kulturelle Spaltung verdeutlichte sich besonders im Literarischen: einerseits ein zärtliches Herabschauen wie bei *Giovanni Pascoli*, andererseits ein extremer Triumphalismus.

D'Annunzio

Der überengagierte Dichter **Gabriele d'Annunzio** (1863-1938) ist bis zum faschistischen Umsturz präsent. Nach sorgloser Kindheit und einem intensiven Gesellschaftsleben in Rom, Neapel und Mailand war er von 1897-1900 Abgeordneter und teilte die Bank mit der extrem-nationalen Linken. In den nachfolgenden Jahren schuf er seine dichterischen Hauptwerke – allen voran drei „*Laudi*"-Bücher. Wegen ungeordneter Finanzen setzte er sich jedoch von 1910-1915 nach Frankreich ab, wo er noch „*Laudi IV*" schrieb. Dann kam er als Kriegstreiber zurück, trat als befehlshabender Offizier in einen Fliegerhorst ein und flog einen spektakulären Flugblatt-Angriff auf Wien. Als nach dem Krieg Dalmatien doch Jugoslawien zufiel, eroberte er bei einem Überfall Fiume (Rijeka) für Italien[1]. Da D'Annunzio durch all dies zu populär geworden war, ließ ihn Mussolini letzten Endes im goldenen Käfig kaltstellen.

Die „Laudi" – zusammenfassend als „*Lobleider des Himmels, des Meeres, der Erde und der Helden*" betitelt[2] – bezeichnete D'Annunzio in seiner charakteristischen Himmelstürmerei als den „*Gipfel der Poesie aller Zeiten und Länder*".

Seit Dante habe es gar nichts gegeben – bis zu D'Annunzio! Es sind Loblieder des Willens, der Wollust, des Stolzes und des Instinkts. Mythische Figuren der Antike werden zur Rückkehr beschworen, um eine verschlafene Welt zu erneuern; aber verherrlicht werden auch die großen italienischen Persönlichkeiten der Neuzeit. Nietzsches „Übermensch", der das imperialistische Zeitalter ankündigt, wird dabei deutlich erkennbar. Vorherrschend jedoch die mediterrane Welt, die über den Trümmern des Römischen Reiches wieder zu Glorie schreite, wobei die italisch-eigenartige

---

1 Spagnoletti, S. 102.

2 Kindlers, Bd. 13, S. 55141.

Naturschönheit im Vordergrund stehe. Dabei verherrlichte D'Annunzio auch den Krieg, als heilige Sache des Vaterlandes.

Die künstlerischen Qualitäten von D'Annunzios Dichtung stehen allerdings außer Zweifel und seine Verse geben im Grunde ein Zeitzeugnis ab. Die italienische Jugend ließ sich begeistern, inmitten all der zwielichtigen Zustände Italiens. Allmählich stieg Mussolini als der heroische Übermensch aus diesen Lobliedern hervor, wie D'Annunzio es später eindeutig bestätigte. Der „*Vinceremo!*"-Kampfruf im II. Weltkrieg – vollständig: „*Wir siegen im Himmel, auf dem Meer und auf der Erde!*" – leitete sich deutlich von „*Laudi*" ab. Auch aus der Fiume-Aktion sind manche Rufe und Gebärden unmittelbar in die faschistische Bräuche eingegangen, und bei dem dort gezeigten chaotisch-aktivistischen Heroismus hatte es sich um eine konsequente Laudi-Inszenierung gehandelt.

Futurismus

Während D'Annunzio der bürgerlichen Dekadenz zuzurechnen ist, etwa einem intellektuellen Reflex des untergehenden liberalen Bürgertums vor dem kapitalistischen Imperialismus, kam anderseits besonders in Norditalien eine avantgardistische Bewegung auf – der technikbegeisterte „Futurismus". Geistiger Urheber war **Filippo Tomaso Marinetti** (1876-1944), dessen „*Manifest des Futurismus*" 1909 in Paris erschien[3]. Auch er lobte Mut, Kühnheit und die angriffslustige Mobilität. Demgemäß wurde die „Geschwindigkeit" als neue ästhetische Kategorie hervorgekehrt: gar der Rennwagen mit der antiken Skulptur der geflügelten Nike von Samothrake verglichen! Schönheit gebe es nur im Kampf, und der Dichter müsse aggressiv sein. Er soll nur vorwärts blicken – *avanti!* – das Gestern sei gestorben. Man verherrliche auch den Krieg – „*diese einzige Hygiene der Welt*" – damit alle Museen, Bibliotheken und Akademien zerstört werden. Zweckmäßigkeit und Eigennutz waren verpönt.

Die futuristischen Dichter besangen die nächtlich vibrierende Glut der Arsenale und Werften, die von grellen elektrischen Monden erleuchtet wer-

---

3   Schmidt Bergmann, S. 269f.

den; die gefräßigen Bahnhöfe, rauchende Schlangen verzehrend; Fabriken die mit ihren sich hoch windenden Rauchfäden an den Wolken hängen; die Brücken, die wie gigantische Athleten Flüsse überspannen und in der Sonne wie Messer aufblitzen; die Abenteuer suchenden Dampfer, die den Horizont wittern; die breitbrüstigen Lokomotiven, die auf den Schienen wie riesige, mit Rohren gezäumte Stahlrosse einherstampfen und den genialen Flug der Flugzeuge, deren Propeller im Winde knatternd Beifall zu klatschen scheinen wie eine begeisterte Menge.

Der Futurismus wandte sich gegen die Professorengelehrtheit, die mit dem Blick auf die berühmte Vergangenheit Italiens völlig steril geworden war, aber kulturbehördlich doch mächtig dastand. Die Futuristen, Dichter wie Marinetti, aber auch bildende Künstler und Architekten wandten sich daher mit Wut gegen alles, was zum Gestern gehörte. Die Zukunft malten sie sich als eine technisierte Welt aus, mit einer Euphorie, die heute völlig befremdlich wirkt. Wie zum Beispiel Marinetti, der sich für das Auto begeisterte[4], bei dem der Automobilist und die Maschine eins werden im Rausch der Geschwindigkeit, auf damals noch schlecht befestigten Straßen rasend, Schrecken verbreitend, bis er mit den Rädern nach oben in einen Graben stürzt. Voll mit schmutzigem Wasser: *„Oh schöner Abflussgraben einer Fabrik! Ich schlürfe gierig deinen stärkenden Schlamm[5]. Erquickt wie nach einer Geburt, entsteigt der futuristische Mensch aus dem 'guten' Schlamm der industriellen Lebenswelt, und so diktieren wir unseren ersten Willen allen lebenden Menschen dieser Erde".*

Freilich gehörte ein Autofahrer damals zur gesellschaftlichen Elite, und die futuristische Ideologie verrät sich als Elitedenken auch in diesem Satz: *„Allein mit Heizern, die vor den höllischen Kesseln der großen Schiffe arbeiten, allein mit den schwarzen Gespenstern, die in den Bäuchen der wild dahinrasenden Lokomotiven wühlen".* Es waren Visionen der I. Klasse-Herrschaften, die sich in die Maschinenhölle des Ozeandampfers herabließen, um die Heizer von der Galerie aus zu bestaunen; oder jene, die aus dem Wagon-Lit des Orientexpress die nächtlichen Lokomotivführer nur erahnten.

---

4   Schmidt Bergman, S. 269f.

5   Ebd. S. 75f.

Vorkriegsgärungen

Der Futurismus blieb ein italienisches Phänomen – die bekannteste avant-gardistische Bewegung Italiens. Doch wirkte er nach Russland hinaus, wo diese Ideologie in den ebenfalls technizistischen Konstruktivismus einge-schmolzen wurde, und auf diesem Umwege auch in die Moderne hinein-wirkte. Die Rückkopplung nach Russland, bzw. in die UdSSR ist bemer-kenswert, wo ähnliche Kontraste von Wunschträumen zwischen Fortschritt und Rückständigkeit herrschten wie in Italien[6]. Nicht weniger bemerkens-wert ist auch die vorausgehende Verbindung des russischen „Anarchismus" nach Italien: jener Ideologie der Individualität, die durch die Aufhebung jedweder Autorität und Gesetzesgewalt zur Geltung kommen sollte, zwecks freien Zusammenlebens der Menschen in den von alleine funktionierenden Kollektiven. Bakunin pflanzte diese Idee schon 1864 in Italien ein, um dort wenige Jahrzehnte später gar den König zu töten. Überhaupt, totale Zerstö-rung alles Hergebrachten, beginnend mit den Attentaten auf führende Per-sönlichkeiten.

Ferner sind auch die italienischen Kulturkontraste bemerkenswert, die hier schon am Beispiel Pascoli/D'Annunzio angedeutet wurden, und nochmals beim Vergleich von Futurismus und einer „Novecento-klassizistischen" Malerei erkennbar werden, speziell angesichts des Futuristen Boccioni und des verblüffenden Gegenparts, des „Metaphysikers" Giorgio de Chirico (1888-1978) mit seinem gegen das avantgardistische Tamtam ausgerichteten Werk. Auf einer als „metaphysisch" bezeichneten Art verfremdete er banale Gegenstände wie – und das könnte uns besonders interessieren – traumhaf-te Architekturdarstellungen, seit 1910 vornehmlich mit der melancholisch enigmatischen Serie *„Piazze d'Italia"*. Eigenartig ist dann, dass später die ge-rade betont aktivistischen Faschisten doch so widersprüchlich trostlos wir-kende Räumlichkeiten schufen[7].

Oder anders gesagt: durch den Nord-Süd-Opportunismus, beziehungsweise durch einen „Transformismus" der die endemischen Widersprüche des

---

6   Argan, S. 25.
7   Argan, S. 195ff.

Landes doch mehr schlecht als recht auszutarieren suchte, lebte die italienische Politik eigentlich in einer Dauerkrise. Die oft wechselnden Regierun-
gen wussten den zunehmenden politischen Extremen kaum etwas anderes
als eine Art Diktatur entgegenzusetzen. Da sie aber doch den Liberalismus
im Munde führten, kompromittierten sie gerade die Freiheitsideologie des
„laissez-faire" und setzten einerseits den nackten Nationalismus frei, andererseits provozierten sie den opponierenden Internationalismus, und zwar
im Rahmen der neuen sozialistischen Bewegung. Seltsam ist, dass der künf-
tige Faschisten-Duce gerade in diesem sozialistischen Milieu auftauchte.

In Benito Mussolini (1883-1945) verdichteten sich alle Tendenzen seiner
Zeit[8]. Wie in D'Annunzios dekadenten oder Marinettis futuristischen Her-
auskehrungen der kulturellen Krise, summierte sich in Mussolini die Krise
des politischen Spektrums in Italien, vom Sozialismus bis zum Imperialismus. Den Ablauf dieser Vorgänge verfolge ich gemäß der vom Historiker
De Felice aufgestellten Periodisierung[9].

Umsturzideen

Mussolini wuchs in einem sozialistisch gesinnten Umfeld der norditalieni-
schen Romagna auf. Er trat fast gleichzeitig mit der Thronbesteigung Vik-
tor Emanuels III. (regierte von 1900-1946) in die Partei ein. Als ausgebilde-
ter Lehrer ging Mussolini zunächst in die Schweiz, wo er im Kontakt mit
gebildeten Sozialisten seinen politischen Schliff erhielt. Nach der Rückkehr
1910 wurde er Redakteur des Organs der Sozialistischen Partei in Forlì. In
der damals schon stärksten Partei Italiens war Mussolini sehr gut aufgehoben und drang allmählich in die italienische Politik ein: 1912 war er bereits
Chefredakteur des sozialistischen Zentralblattes „*Avanti!*" in Mailand. Er
steigerte die Auflage der Zeitung und trug zu entscheidenden Wahlsiegen
bei, die den „roten Gürtel" Nord- und Mittelitaliens im liberal geführten

---

8   Petersen, S. 154.

9   De Felice: Mussolini il revoluzionario 1883-1920; Mussolini il fascista – la co-
    quista del potere 1921-25; Mussolini il Duce – gli anni del consenso 1929-36;
    Mussolini il Duce – lo stato totalitario 1936-40; Mussolini l'alliato – Italia in
    guerra 1940-45.

Parlament zur maßgebenden Fraktion machten. Das aber provozierte den Unmut der Nationalisten, die sich dank jener Erfolge gegen die Türkei gleichfalls im Aufwind befanden. Notabene: der italienische Nationalismus war nicht rassistisch, sondern kriegerisch veranlagt und nunmehr gegen Österreich-Ungarn ausgerichtet – der sogenannte „Irredentismus" zum damals österreichischen Südtirol, Triest und Dalmatien hin.

Vorerst aber vertrat Mussolini pazifistische Ansichten und befürwortete die Neutralität beim Ausbruch des I. Weltkriegs. Allmählich wandte er sich dann aber von dieser Auffassung ab, worauf er seinen Posten bei „Avanti" verlor und sogleich die Zeitung „Popolo d'Italia" gründete. Mussolini befand wohl, dass der Krieg unvermeidbar sei, und erst durch den Krieg wesentliche Gesellschaftsveränderungen in Italien möglich seien. Dies führte ihn nicht nur mit dem in Mailand für den Krieg leidenschaftlich agierenden Futuristen Marinetti zusammen, sondern auch mit den Nationalisten, die sich in „Fasci" wortwörtlich bündelten. Diese organisierte er in den allitalienischen „Fasci der Revolutionären Aktion", welche dann nach dem Kriege seine politische Basis wurden.

In den ersten Nachkriegsjahren änderte sich an den Zuständen in Italien grundsätzlich nichts; es machte sich eher Enttäuschung über die Friedensverträge breit, besonders weil Dalmatien an Jugoslawien gefallen war. Arbeitslosigkeit und Dauerstreiks erschütterten den Staat. Mussolini begegnete all dem mit den kämpferischen „Fasci di combatimento", ohne Parteiprogramm, nur auf Gelegenheitsaktionen ausgerichtet. Die erste solche Aktion richtete sich gegen die absolute Mehrheit der Sozialisten im Rathaus von Bologna, die mit Terror beseitigt wurde.

Faschistische Machtergreifung, 1921-1925

Als die Terrorsquadre allmählich flächendeckend die Gemeinden eroberten, rief der König 1921 Neuwahlen aus. Mussolini gelang damit der Sprung ins Parlament. Am Aktionismus der Squadre war die Vermengung von d'annunzioscher Euphorie und futuristischer Mentalität deutlich erkennbar. Nun führte Mussolini von seinem hohen politischen Posten Ordnung in dieses Chaos ein: Gewalt sei „ritterlich, aristokratisch, chirurgisch"– also nicht allgemein. Die so zurechtgestutzten Squadristenführer versuchten zwar zu rebellieren, Mussolini führte aber die neue „Partito Nazionale Fascista" im November 1921 dagegen ins Feld. Mit ihr habe man die nationalen Interessen über das Regionale erhoben, und er selbst ließ sich zum einzig führenden „Duce" ausrufen. Die endgültige Form des Faschismus war damit definiert. Es blieb noch die Machtergreifung im Staate übrig, und zwar durch den Sturz der Regierung, nochmals mit gezielter Unruhestiftung auf erprobte Squadristenart. Drohungen wurden gar gegen die Person des Königs gerichtet. Der Regierungssturz gelang nun 1922, durch die demonstrative „Marcia su Roma" (Marsch auf Rom) der Squadre, sodass sich der König veranlasst sah, Mussolini die Regierungsbildung zu überlassen. Er setzte dann im Parlament ein ihm günstiges Wahlrecht durch und erreichte 1924 die Mehrheit, wonach der König das Parlament auflöste.

Entstehung des faschistischen Staates, 1925-1929

Es wurde gesetzlich ermöglicht, dass der Premierminister (Mussolini) über dem Kabinett steht, die Regierung wurde zur Gesetzgebung bevollmächtigt, Mitte 1926 wurde die Selbstverwaltung der Gemeinden aufgehoben und durch das Präfektursystem ersetzt. Der Parlamentarismus wurde gegen eine „korporative Ordnung" ausgetauscht – etwa mit gewerkschaftlichen Interessenräten, die politisch Einfluss nehmen durften. Ebenfalls Mitte 1926 wurde der Nationalrat der Korporationen errichtet, womit alle nicht faschistischen Organisationen einschließlich der freien Medien ausgeschaltet wurden. Ein faschistischer „Großrat" unter Vorsitz Mussolinis koordinierte alles. Er führte auch unmittelbar das Außenministerium und die Armee-Ministerien. Nur formal unterstand Mussolini mit regelmäßiger Berichtspflicht dem König. Die Aussöhnung mit der doch einflussreichen Kirche erreichte Mussolini mit dem Lateranvertrag 1929, in dem dem Vatikanbezirk staatliche Souveränität zuerkannt und der Katholizismus als Staatsreligion anerkannt wurde. Jetzt konnte sich Mussolini eine Volksabstimmung leisten: im März 1929 erreichte er 8,5 Millionen „Si"-Stimmen, gegenüber nur 136.000 Gegenstimmen.

Konsensjahre, 1929-1936

Nun bemühte sich Mussolini, sein Regime zukunftsgerichtet fortschrittlich – sogar modern! – darzustellen. Die Wirtschaft hatte sich in den letzten Jahren stabilisiert: die „Goldenen 20er" zeigten ihre Wirkung auch in Italien. Es wurden aber auch öffentliche Arbeitsbeschaffungsmaßnahmen ergriffen. Auf den durch Meliorationen gewonnenen landwirtschaftlichen Flächen errichtete man „faschistische Musterdörfer". Zur wesentlichen wirtschaftlichen Besserungen trug die Ausweitung der Verkehrsinfrastruktur ebenfalls bei. Ein „italienisches Wunder" zeichnete sich ab

In der umfangreichen „Enciclopedia Italiana" umriss nun Mussolini 1932 die „Doktrin des Faschismus": Bereits in der Einführung dieses Werks steht das Geständnis, dass das bisher Erreichte ohne ein festes Konzept verwirklicht wurde; bzw. dass die Entstehung dieser „Dottrina" aus Vorgriffen bestand, die erst nachher und ohne die ursprünglichen Zufälligkeiten zusammengesetzt wurden. Der Faschismus sei eine menschenbezogene Aktion, im Sinne des kämpferisch zur Macht strebenden Bewusstseins, und zwar mit Blick auf die traditionsreiche Nation. Ohne das sei der Mensch ein Nichts. Es gebe einfach kein Individuum außerhalb des Nationalstaates und in diesem Sinne stelle sich der Faschismus gegen den Sozialismus, der alles auf Klassengesetze reduziere, und auch gegen die Demokratie, die die Nation zu einer von Mehrheiten geführten Gruppe reduziere. Man wolle durch Disziplin nicht nur die herkömmlichen Lebensformen ändern, sondern den Menschen selbst. Deshalb brauche der Faschismus militärähnliche Autorität. Krieg sei dabei das grundlegende Lebensprinzip. Man glaube nicht, wie es historisch begründbar sei, an den Pazifismus: „Nur der Krieg vermag in höchstem Maße die menschlichen Energien anzuspannen". Die bewusste Auseinandersetzung mit dem Krieg adelt die Nation. „Aktivismus heißt Nationalismus, Futurismus, Faschismus" und löse nun den abdankenden und vergangenheitslastigen Liberalismus ab. Ausdrucksformen des Staates können sich zwar ändern, aber die Notwendigkeit des Staates bleibt. Der Faschismus wolle Beschränkung auf das Wesentliche: auf den „Willen zur Macht und zum Regieren. Die Tradition Roms ist seine größte Stärke".

Aus diesen Thesen bildeten sich die praktischen Lebensprinzipien des Faschismus aus. Im Gegensatz zum deutschen Nazi-Rassismus, war die Grundlage jener italienische rassismusfreie Nationalismus, der nicht auf biologischer, sondern auf traditionsbezogen historischer Basis ruhte: vornehmlich auf römischem Ursprung. Durch ein aktivistisches Leben, mit spannenden Gefahren beladen, steuere der Faschismus die Italiener in die Welt hinaus, die nach römischem Muster kolonialisiert und italienisch geführt werden soll. Die Masse allein sei dazu nicht fähig, sie soll vertrauensvoll und gehorsam für die Zukunft kämpfen: *„credere, obbedire, combattere!"* Ein Massenkult der Disziplin wurde daher durch den Militarismus erschaffen, den man zur Grundform des Lebens schon von Kindheit und Jugend an machte: in *„Balilla"*- und *„Avangvardista"*-Verbänden. Aus jeder Familie sollte ein Sohn Berufssoldat werden, während das übrig zivile Leben durch die Freizeitgestaltung *„Dopolavoro"* und mit Sport- und Kulturversammlungen *„Littorali"* durchzogen wurde. All das sind zwar grundlegende Doktrinen gewesen, wurde aber ideologisch nicht zugespitzt, um eher den angestrebten Konsens der Gesellschaftsschichten zu fördern.

So gab es auch keine totalitär ideologisierte Kunst in Italien: dies zeigte sich besonders an der „Ausstellung der faschistischen Revolution" 1932, anlässlich des X. Jahrestags des Marsches auf Rom. Dort waren vom bereits betagten Futurismus über die puristische Moderne bis hin zum hergebrachten Klassizismus verschiedene Kunstrichtungen vertreten.

Allerdings machte die Weltwirtschaftskrise auch vor Italien nicht halt, weshalb das Land ab 1930 administrativ neu organisiert wurde, mit dem neuem Nationalrat der Korporationen an der Spitze, welcher zur Arbeitsbeschaffung die Rüstungsindustrie ankurbelte. Frankreich wurde zum ausgemachten Gegner: wegen des italienischen Verlangens nach dem Balkan, wo die „Kleine Entente" (Bündnis zwischen Jugoslawien, Tschechoslowakei und Rumänien ab 1921) unter französischer Protektion stand. Dies führte schon 1927 zum italienischen Freundschaftsvertrag mit Ungarn, das durch diese Entente isoliert war, sowie 1930 auch mit Österreich – als Puffer gegen Deutschland und ebenfalls wegen der italienischen Balkan-Interessen. Albanien, von Jugoslawien latent bedroht, stellte sich unter italienisches Protektorat.

Die deutsch-nazistische Wende mit den Anschlussideen gefährdete nun diese italienische Außenpolitik. So kam es zur baldigen Begegnung zwischen Hitler und Mussolini, 1934 in Venedig. Allerdings redeten die beiden Diktatoren in der Sache Österreich noch aneinander vorbei. Der gerade frischgebackene Führer bewunderte seinerzeit noch den alten Hasen Mussolini, dieser wiederum musste – ob Hitlers weiland gescheiterten „Marsch auf Berlin" – nunmehr umdenken, angesichts der so massiv rücksichtslos missbrauchten „Ermächtigung".

Historisch gedacht, bietet sich hier eine Gelegenheit zum Vergleich. Wie oben schon gesagt, zeichnen wir hier den Italofaschismus anhand des klassischen Werkes von De Felice nach, wobei man sich nicht dazu verleiten lassen sollte, Mussolinis Werk zu verharmlosen. Er war ebenfalls ein rücksichtsloser Machtmensch und wenn man seine Afrika-Kolonien berücksichtigt auch rassistisch. Aber dennoch, Italofaschismus und Nazifaschismus sind nicht gleich; und nur mit diesem Vergleich stets im Hinterkopf erscheint Italien eher operettenhaft, als ein Land des Lächelns. Selbst am Rednerpult: Hitler düster, Mussolini eher clownesk. Oder, wo gibt es in Deutschland einen D'Annunzio, dessen Ausbrüche man völlig unverbindlich genießen kann? – und er war es eben, der den Italofaschismus beseelte. Der Nazifaschismus blieb aber seelenlos.

Der totale Staat, 1936-1940

Durch all diese Differenzen galt Italien im Mittelmeerraum als pflegeleicht, und so wandte sich Mussolini nach Afrika. England ließ gar eine Invasion durch den Suez-Kanal zu – und Italien nahm wieder Äthiopien ins Visier. Dort rächte Mussolini nun 1936 die alte Schmach von Adua. Eine nach allen Seiten derart intensive Außenpolitik konnte er aber allein nicht mehr leiten, so überließ er dieses Amt seinem Schwiegersohn Galeazzo Ciano. Mittlerweile fanden dann doch der Abessinien-Aggressor und der Rheinland-Aggressor zusammen: 1936 wurden die Interessensphären bezüglich Donau und Balkan vertraglich festgelegt. Mussolini beanstandete den Anschluss Österreichs 1938 nicht. Beide sind sogar Waffenbrüder im Spanischen Bürgerkrieg geworden. Mit dem freundschaftlichen Treffen in Deutschland 1937 wurde diese neue Europäische Achse errichtet und später sogar um Japan erweitert. Es entstand eine aggressive Allianz, die eine neue Aufteilung der Welt anstrebte.

Innenpolitisch straffte Mussolini den Staat: er stellte das „regime totalitario" durch den 1938 erfolgten Zusammenschluss der Fascis und der Korporationen vollständig unter die Parteidiktatur. Damit war die Konsenspolitik aufgehoben und die Machtlegitimation basierte mehr auf den außenpolitischen Spekulationen. Dementsprechend begann aber die Zustimmung im Inland zu bröckeln.

Der II. Weltkrieg

Mussolini meldete offen Ansprüche auf Savoyen und Nizza sowie auf das französische Nordafrika, den Suezkanal und Sudan an, zwecks kolonialer Verbindung von Nord- und Ostafrika. Die Balkanambitionen kündigte er schon im Frühjahr 1939 mit der Besetzung Albaniens an. Mit Deutschland wurde gleichzeitig der „Stahlpakt" zum gegenseitigen Kriegsbeistand geschlossen. Mit dem deutschen Angriff auf Polen, als der II. Weltkrieg begann, fühlte sich der noch unvorbereitete Mussolini aber bereits überfordert. Nicht einmal für das Mittelmeergebiet hatte er durchdachte strategische Pläne, und so blieben ihm nur Improvisationen übrig. Die ganze Kriegsinitiative war damit Hitler überlassen, wodurch Mussolini letztendlich vollkommen in deutsche Abhängigkeit geriet. Beim Angriff auf Frankreich erzielte er nur geringe Landgewinne; sein Angriff auf Griechenland misslang und wurde nur von Hitler gerettet. Dabei ist die italienische Kriegsflotte von den Engländern im Hafen von Tarent im Kern vernichtet worden und infolgedessen gingen die Afrika-Kolonien verloren. Der Feldzug Rommels in Afrika blieb nur eine Kriegsepisode. So erfolgte die italienische Teilbesetzung Jugoslawiens schon in voller Abhängigkeit von Deutschland und in diesem Lichte gesehen war die Kriegserklärung Mussolinis an die UdSSR und die USA nur eine Farce. Mit dem Resultat jedoch, dass alliierte Truppen im Juli 1943 in Sizilien landeten. Nun ließ der König Mussolini absetzen, woraufhin die Deutschen den noch verfügbaren Teil Italiens besetzten und dort mit Mussolini eine Marionettenregierung errichteten. Als er in seiner letzten Not nach Österreich flüchtete, ist er von Partisanen erwischt und hingerichtet worden.

Nachkriegszeit

Aus dem Krieg kam Italien mit gewissen Gebietsverlusten an Jugoslawien heraus. Die Neuordnung des demokratischen Staates führte der konservative Christdemokrat Alcide de Gasperi durch. Die Monarchie wurde 1946 abgeschafft, die Republik Italien proklamiert und mit der Verkündung der Verfassung 1948 der neue Staat konsolidiert. Italien wurde, auch außenpolitisch prägend, eines der Gründungsmitglieder der Europäischen Union.

Die Macht oblag wesentlich der Democracia Cristiana (DC), und zwar im Gegenspiel zum opponierenden kommunistisch-sozialistischen Block. Die damals langandauernde Regierungszeit der Konservativen bedeutete aber keineswegs eine von der Bevölkerung gebilligte positive Politik, vielmehr basierte sie auf den Umständen des „Kalten Krieges" zwischen Ost und West, weshalb die meisten Italiener aus Angst vor dem Kommunismus oder aus christlicher Frömmigkeit die bürgerliche Partei duldeten. Die DC konnte sich dabei Strömungen (correnti) oder Verfilzungen leisten, die von Zeit zu Zeit zu monotonen Regierungskrisen und -wechseln führten. Ein mo-

de SICA
FAHRRADDIEBE

derner industrieller Aufschwung im Norden – eine Million Fabrikarbeiter mehr! – vertiefte noch einmal das Wirtschafts- und Wohlstandsgefälle zum Süden, wo eine Abwanderungs-Verödung um sich griff[10]. Etwas ausgewogener waren die Zustände in Mittelitalien um die Toskana.

---

10 Riccardi, S. 288.

Die faschistische Kulturpolitik für die Massen hatte bereits eine intellektuelle Hinwendung beim Volke bewirkt: es entstand ein reales Bewusstsein, das die Buntheit der Bräuche und die Vielfalt des täglichen Lebens entdeckte. Nach dem Kriege paarte sich dies mit der Vorstellung einer behutsamen, demokratisierenden Modernisierung, die ohne wahllose Akzeptanz von ausländischen, vornehmlich amerikanischen

Fotomontage des Autors

Einflüssen erwachsen sollte. Aus der Verzahnung dieser Ideen resultierte eine „neorealistische", eigenartig italienische Kulturausstrahlung, die besonders durch Filme weltweite Aufmerksamkeit hervorrief, parallel aber auch durch eigenartige Pop-Kunst und schließlich durch den industriellen „disegno". All das führte zu einer inneren Kulturhomogenität, in der aber noch die Schwierigkeiten des Landes enthalten waren[11].

Der industrielle Aufschwung des Nordens zersetzte allerdings bald wieder diese anfängliche Vereinheitlichung, die kulturell ohnehin von oben nach unten gerichtet und intellektuell gefiltert war; einerseits durch die Alphabetisierung des Volkes, das in den Nachkriegsjahren noch fast zur Hälfte nicht lesen konnte. Andererseits aber wirkte sich die Entwurzelung durch die massive Landflucht und durch das anonyme Stadtleben traditionszerstörend aus, wodurch sich fremde Muster des „modernen Lebens" – ein damals üblicher Werbespruch als Aufruf zum Konsum – einzunisten begannen: amerikanische Mentalität und Jagd nach dem Geld. Allmählich verlor die allgemein italienische Kultur ihre Konturen[12].

Auf der intellektuellen Ebene spaltete sie sich wieder: zum Einen aus dem Neorealismus heraus durch die Kritik der neuen Konsumgesellschaft, mit einer ironischen und oft auch märchenhaften Distanzierung. Zum Anderen bildete sich eine neue Avantgarde heraus, besonders um das Mäzenatentum des Mailänder Industriellen Adriano Olivetti. Er wurde weltberühmt durch

---

11 Ebd. S. 282 u. 286f.

12 Ebd. S.287f.

die Förderung des Industriedesigns: kritisch gegenüber Traditionsgebundenheit, suchte er die Verbindung von Kultur und Politik[13].

Heute schaut man auf die zwei Nachkriegsjahrzehnte des beispiellosen Aufschwungs – die „goldenen" 50er Jahre – mit Nostalgie zurück. Und dann, mit den beginnenden Unruhen auf das europaweit schicksalhafte Jahr 1968 hin, setzten sich neue kulturelle Orientierungsschwerpunkte durch (Abschwächung der Konjunktur, politischer Linksruck, Jugendunruhen), welche aus unserer Betrachtungsspanne schon hinausführen.

---

13 Riccardi, S. 288f.

Zur italienischen Baugeschichte
Übersicht 1900-1968

Der letzte historische Stil (vor unserem Betrachtungszeitraum) war der Barock, meist noch von hervorragenden italienischen Architekten getragen. In neuerem Zeitalter, seit der Französischen Revolution, brachte das Abendland keine neue Stilentwicklung mehr hervor: Bautechnik (Ingenieurswissenschaft – Konstruktion) und Baukunst (Architektur – Fassade) entwickelten sich gar auseinander und verwissenschaftlichten sich jede auf ihre eigene Art. Die Architektur wurde stilkundig-akademisch, d.h. man erforschte die Eigenschaften der historischen Stile und wendete sie sachkundig-historisierend bzw. wählerisch-eklektisch an. Aus uns schon bekannten widrigen Gründen war der Historismus in Italien besonders verwurzelt gewesen und hielt sich, besonders in Rom, auch noch in der Zwischenkriegszeit des 20. Jahrhunderts. Der europaweite Versuch einer Trennung vom Historismus dokumentiert sich in Italien in der „Ersten Kunstgewerbeausstellung" 1902 in Turin, wegen des englischen Ursprungs hier ebenfalls „Liberty" genannt. In Wien heißt das „Sezession" (in München „Jugendstil") – eben als Abspaltung vom Historismus. Dieser neue Geschmack fand in der Architektur nur in Norditalien einen tastenden Anklang, nur als Andeutung zwischen zwei deutlich getrennten, manchmal gar konkurrierenden Architekturschulen, die sich nach und nach in Mailand und Rom herausgebildet hatten. Nachfolgend beschränke ich mich auf die Architekturleistungen bzw. Architekten, die zu Betrachtung der „Moderne" als maßgebend erscheinen.

Futurismus

Marinetti brach 1909 den Futurismus leidenschaftlich vom Zaun. Dann erschien in einem Trommelfeuer verschiedener Manifeste gerade zu Beginn des I. Weltkriegs, im Juli 1914, auch das *„Manifest der futuristischen Architektur"*[14].

---

14 Lampugnani, S. 214-217.

Auszüge: *Seit dem 18. Jahrhundert gibt es keine Architektur mehr [...].*
Im modernen Leben kommt der Prozess der konsequenten stilistischen
Entwicklung zum Stillstand. Die Architektur löst sich von der Tradition
und beginnt notgedrungen von vorn. Die Berechnung der Materialfestigkeit,
die Verwendung von Eisenbeton und Eisen machen eine „Architektur"
im klassischen und herkömmlichen Sinn unmöglich. Die neuen Baumate-
rialien und unsere wissenschaftlichen Begriffe sind mit der Disziplin der
historischen Stile nicht in Einklang zu bringen [...]. Wir müssen die futu-
ristische Stadt erfinden – sie muss einer großen lärmenden Welt gleichen
und in allen ihren Teilen flink, beweglich, dynamisch sein [...]. Das Haus
aus Beton, Glas und Eisen, ohne Malerei und Verzierung, reich allein
durch die Schärfe seiner Linien und Formen [...]. Das Leben des Hauses
wird nicht so lange währen wie das unsere, jede Generation wird sich ihre
Stadt bauen müssen.

So schrieb Antonio Sant'Elia (1888-1916) aus Como, seit 1907 in Mailand.
Noch im Stile der Wiener Sezession debütierte er als Architekt 1911, ließ
sich aber bald von frühen Wolkenkratzer-Darstellungen aus Amerika begeistern. Er begann eine „Città-Nuova" (Neue Stadt) zu entwerfen: eine vi-
sionäre Zukunftsmetropole mit kühnen Hochhäusern und ausgeklügelten
Verkehrssystemen in verschiedenen Ebenen. Seine graphisch virtuosen
Zeichnungen konnte er schon 1914 zwei Mal in Mailand ausstellen, was ihn
mit Marinetti zusammenführte, der das oben zitierte Manifest redigierte und
veröffentlichte. Beim Kriegseintritt Italiens 1915 ging Sant'Elia, wie auch
andere überzeugte Futuristen, mit Begeisterung an die Front, wo er dann
auch fiel[15]. Seine futuristische Architektur blieb auf dem Papier. Kein bedeutendes futuristisches Bauwerk ist je verwirklicht worden. Sant'Elias Le-
benswerk führte Italien aber doch in die beginnende moderne Architektur-
diskussion ein. Späte Ausstellungspavillons (Turin 1928 und jener in Rom
1932) wendeten sich unter dem Etikett „Futurismus" gestalterisch mehr
dem Rationalismus zu. Übrigens, die Formgestaltung Sant'Elias wirkt eher
statisch monumental „nachhaltig", und entsprach so kaum dem futuristischen Ideal des Bewegt-Vergänglichen und Antiautoritativen.

---

15 Ebd. S. 8f.

Der einzig heute stehende Bau wurde erst spät in Como errichtet, ein Denkmal für die Kriegsgefallenen, dessen Gestaltung auf einen Entwurf von Sant'Elia zurückgreift.

Giuseppe Terragni
DENKMAL für Kriegsgefallenen Como 1931-32

Novecentismo (classicità)

Der Futurismus verlor seinen ästhetischen Sinn – die Vernichtung des Althergebrachten zugunsten des Neutechnisierten mittels Krieg als „Welthygiene" – durch das Gemetzel und die sinnlosen Vernichtungen während des Ersten Weltkriegs. Der Metaphysiker Chirico klagte schon 1919 erbittert: „Die Menschheit hatte anderes als den Krieg gebraucht. Und in der Kunst anderes als den Futurismus!"[16] – statt der Zerstörung der Vergangenheit ein *„passato e futuro si confondono"*, eine Verschmelzung von Vergangenheit und Zukunft[17]. Diese Sicht stellt er auch in der bezeichnender Gemäldeserie „Italienische Plätze" dar, die er im Wesentlichen vor dem Krieg malte: Verwirrende Räume, welche von Menschen gegen die Menschen gebaut zu sein scheinen, eingerahmt von einer unverrückbaren Architektur. Die so dargestellte Architektur könnte zwar real sein, durch falsche Perspektiven, ungewöhnliche Schattierungen und irreale Staffagen ist sie aber in eine andere Welt verrückt, in eine Welt von Ahnungen, gespenstisch-metaphysisch.

Zunächst leckte sich Italien als „Verlierer unter den Siegern" aber noch die eigenen Kriegswunden und befand sich teilweise im Einklang mit dem metaphysischen Wunsch nach einer „Rückkehr zur Ordnung". Die Metaphysiker trauten sich sogar zu, den Boden für das postkriegerische 20. Jahrhundert – für das „*Novecento*" (1900er Jh.) – zu bereiten[18]. Der Mailänder Architekt Giovanni Muzio (1893-1982) knüpfte schon 1919 an diese Gedanken an, nachdem er als Student noch futuristisch interessiert war, um

---

16 Burg, S. 17.

17 Ebd. S. 20.

18 Ebd. S. 24.

dann über die Palladio-Renaissance zu einer zwar klassizistisch-traditionalistischen, aber wesentlich anti-akademischen Auffassung zu gelangen. Grundlegend war ihm dabei die Anlehnung an den „Lombardischen Klassizismus" des späten 18. Jahrhunderts, einer besonders zurückhaltenden Formensprache jener Zeit. So schuf er 1920-1922 die bemerkenswerte „*Ca' Brutta*" (hässliches Haus) in Mailand als erstes bedeutendes Werk des „*Novecentismo*" und damit auch einen erstklassigen architektonischen Skandal zu Beginn der Friedenszeit. In einer alle Spielregeln sprengenden, in stilistischen Einzelheiten jedoch korrekten und dadurch gerade grotesken Gestaltung ironisierte Muzio die bis dahin gewohnte, „eigens" bürgerliche, akademisch definierte, klassizistische Architektur Mailands. Ein halbwegs gebildeter Bürger konnte dies durchaus wahrnehmen und wurde in seinem „sicheren Geschmack" verunsichert. Es ist ein nicht zu übersehender riesiger Gebäudekomplex in einem „guten" Stadtteil, als eine zwar klar erkennbare örtliche „*classicità*", metaphysisch jedoch durch fehlende Übereinstimmung verfremdet[19].

CA'BRUTTA
Giovanni Muzio
Milano 1919-22

Bildsammlung des Autors

Ausgehend von dieser brutalen Ironie verfeinerte sich aber der Ausdruck des Novecentismo bald zu einem akzeptablen Raffinement durch Muzio selbst, aber auch unter den Händen seiner Anhänger. Eine gewisse Kulturkontinuität vor Augen, versuchten sie die Vergangenheit und die Zukunft zu verschmelzen. Stilistisch nahm diese Architektur einen „roten Faden"

---

19 Ebd. S. 52ff.

auf, beginnend vom Römischen Imperium, über Renaissance-Humanismus bis hin zum aufklärerischen *Illuminismo* – all das sehr traditionsreich in der lombardischen Kultur vorhanden. Besonders aber mit Blick auf das 18. Jahrhundert fühlten sich diese Architekten durch den Neoklassizismus in der genannten „*Wiederherstellung des Ordnungsprinzips*" bestätigt und zum Beginn eines neuen „fortschrittlichen Zeitabschnitts" inspiriert. Wie es Muzio formulierte:[20] als „Reaktion auf das Durcheinander und gegen aufgeregten Individualismus der modernen Architektur". Beispielhaft wiederum in dem zwar monumental wirkenden Mietshaus auf der Piazza della Repubblica, das aber mit „Ornamentierung" nur noch an den Eingangsportalen versehen ist. Weiterhin auch die Profilierungen reduzierend: der Palast „Popolo d'Italia", jedoch mit Kunstreliefs dekoriert.

Die Novecentisten waren offen für die Fortschrittlichkeit des – noch jungen – 20. Jahrhunderts gewesen, aber auch in der Kontinuität der Geschichte geblieben: im „genius loci" verhaftet und dem Begriff des Hauses „*all' italiana*" verpflichtet, allerdings mit dem Blick auf moderne Baumöglichkeiten. So war schon die Ca' Brutta durch gut belüftete und belichtete, typisierte Eigentumswohnungen gestalterisch bestimmt, hochgezogen mit moderner Bautechnik und mit moderner Haustechnik ausgestattet – selbst die Dekorelemente wurden industriell hergestellt. Das aber noch ohne Rücksicht auf die bereits prämoderne Verdammnis des Wiener Architekten Adolf Loos: „Ornament ist Verbrechen" – weil Dekor nur Verschwendung der Arbeit und des Geldes ist. Dabei hat gerade die moderne Bautechnik bei Konservativen ein Misstrauen bezüglich der Standfestigkeit der Ca'

---

20 Burg, S. 29.

Brutta geweckt, wegen der „Neuheit und Kühnheit der Baustruktur". Doch bei einigen Schäden musste Muzio eine schlechte Zementqualität eingestehen, worum sich ein Teil des Streits in diesem Skandal ja eigentlich drehte[21].

Während sich bei Muzio die stilistische Reduktion evolutiv verfolgen lässt, schien sein kurzlebiger Kollege Giuseppe de Finetti (1892-1952) architektonisch schon *in medias res* getreten zu sein. Als Student kam er nach Berlin, wo er sich mit Muthesius' Sachlichkeit vertraut machte, um sich dann an der Seite von Adolf Loos geradeaus radikalisieren zu lassen. Besonders herausragend ist seine „Casa della Meridiana" in Mailand aus dem Jahr 1925. Die anscheinend schon kubistische Gestaltung rührt jedoch von der Absicht, eine prächtige Libanonzeder auf dem Grundstück gleich als Blickfang der Wohneinheiten zu nutzen[22].

Überhaupt war der Novecentismo – nebst Villen – auf kollektive Wohnhäuser ausgerichtet, mit leicht typisierten Wohneinheiten, die auch die äußeren Formen dieser Massenbauten ordnend wiederholbar machten: funktionell und technisch adäquat, aber die wachsende Großstadt doch nicht uniformierend. In die technizistische Einfalt, wie in den Wohnsiedlungen des deutschen „Bauhauses", verfiel der Novecentismo nie[23].

Gedankenwandel zur Moderne

Das Zeitalter des Novecentismo setzt man etwa in die Jahre 1920-1936, in denen diese Architektur ersonnen und ausgeführt wurde und in Ausstellungen maßgebend vertreten war. Diese Zeit deckt sich also mit der Machtergreifung der Faschisten bis zum Ende

G. Ponti: CASA MARMONT Milano 1933-36

21 Ebd. S. 50.
22 Ebd. S. 56, 81 u. 85-88.
23 Ebd. S. 95.

32

der Konsensjahre. Zum totalen Staat passte die unpolitische Sanftheit der Novecentisten nicht mehr. Allerdings führte der Architekt Giò(vanni) Ponti (1891-1979) diesen in sich schon schlicht gehaltenen Klassizismus in die Moderne über. Ponti, ebenfalls ein Mailänder, entkam aus seinen frühjugendstilhaften Impressionen, woher seine neue Orientierung zum Industriedesign bis hin zur Kunstleitung einer Porzellanindustrie rührt. Vornehmlich richtete er sich jedoch auf Innenarchitektur aus. Durch seine berühmte, 1928 gegründete Zeitschrift „Domus" bildete er den Geschmack des italienischen Mittelstands aus, wirkte aber auch ins Ausland hinaus. So prägte Ponti den Begriff „casa all' italiana", wobei er von Anfang an klassizistisch sehr zurückhaltend war und mit dem Avantgardismus sympathisierte. Bald sagte er gar, dass Neoklassizismus und Rationalismus von gleicher Stiltendenz seien[24]. Und dann, immer deutlicher, wie folgt:

Vom Klassizismus bleibt uns eine ganz spirituelle Lektion – die der Logik, der Klarheit, der Einfachheit, der Menschlichkeit – von Architekten geführt und kontrolliert, mit Werken, die frei und unvermittelt den Bräuchen von heute verhaftet sind. [...] Was ist ein Stil? Ein allgemeiner und diffuser Charakter, der die Objekte unseres Lebens kenntlich macht: Diese Gegenstände, heute von der Industrie kreiert, sind ja industriell auch charakterisiert. Die Industrie macht also den Stil.

Rationalismus

Die Kunst-Weltausstellung in Paris 1925 war stilistisch vom „Art Deco" bestimmt, selbst diese Stilbezeichnung rührte vom Ausstellungstitel her, aus der neuen „arts decoratifs". Italien aber war dort mit einem völlig deplatzierten Pavillon vertreten, der einen römischen Triumphbogen imitierte. Gleichzeitig stellte sich die Sowjetunion im Rahmen der herkömmlichen Avantgarde konstruktivistisch vor. Einen völlig neuen Geist brachte jedoch Le Corbusier mit seinem puristisch-modernen Pavillon „Esprit Nouveu" ein. Der Kontrast zu Italiens Kulturrückständigkeit war überwältigend und noch dadurch verstärkt, dass sich der neue Geist auch in Italien schon aus-

---

24 Irace: S. 21.

zubreiten begonnen hatte. Es ist also kein Zufall, dass sieben junge Architekten, die soeben in Mailand frustriert ihr Diplom erhielten, schon 1926 die „Gruppo 7" gründeten: sie wollten modern bauen, allen voran Giuseppe Terragni (1904-1941). Der junge Architekt, durch eine Erkrankung im Kriegsdienst früh verstorben, ist die Legende[25] des italienischen „Razionalismo" geworden, eines architektonischen „Ismus", der vom Novecento und Funktionalismus ausgehend auch philosophische, politische, soziale, ökonomische, stilistische und sogar symbolische Aspekte in die Gesamtgestaltung einfügen wollte. Grundlegend deckt diese Denkweise die gesamte Geschichte der Architekturtheorie ab. Theoretisch genau umrissen wurde der Rationalismus nicht: er war eher ein Vertrauen in die Vernunft des Architekten, der bereit ist auch kollektiv zu schaffen – gar bis zum Internationalismus hin.

Manifest

Der „italienisch" zu bezeichnende Rationalismus ist damals dem Faschismus verpflichtet gewesen. Seine Architekten warben sogar um Mussolinis Gunst. Die „Gruppe 7" präsentierte sich der Öffentlichkeit in vier Folgen eines 1926/27 veröffentlichten Essays, dem *Manifest des italienischen Rationalismus*. Einführend heißt es dort, man habe eine Phase der Formierung durchlaufen und man stehe an der Schwelle einer neuen Epoche. Ein „neuer Geist" (spirito nuovo) habe sich gebildet. Das gelte für ganz Europa, und Cocteau sowie Le Corbusier werden als Zeugen genannt, während Deutschland und Österreich in der zweiten Reihe der neuen Architektur (Bauhaus) stehend, Beispiele der nationalen Erhebung seien. Allenfalls setzt sich ein Stil durch – „*Also gibt es in der Architektur einen neuen Geist*".[26]

> *Italien fällt es zu, dem neuen Geist die höchste Entwicklung zu gewähren und ihn bis zu den äußersten Konsequenzen zu treiben, bis dahin, dass man den anderen Nationen – wie in den Epochen der großen Vergangenheit – einen Stil diktiert [...]. Der Stil wird durch Selektion aus dem kon-*

---

25 Fonatti: Giuseppe Terragni, Poet des Razionalismus. In: La Repubblica.it – Archivio 17.04.2004.

26 Pfamatter, S. 164-187.

stanten Gebrauch der Rationalität und der vollkommenen Entsprechung
zwischen Struktur und Zweck des Bauwerkes entstehen.

Diese Thesen untermauerten nun die „Sieben" mit dem Hinweis auf die schon in der Antike typisierte Bauweise: „Rom produzierte in Serie". Und die Idee eines „Typen-Hauses", wie bei Dampfern und Flugzeugen, sei auch in der byzantinischen oder Renaissance-Architektur erkennbar. Die Industriearchitektur werde auf der ganzen Erde gleich aussehen; sie werde andere Aspekte der Architekturgestaltung haben, aber „trotz ihres absolut modernen Charakters nationale Eigenheiten bewahren", und zwar besonders in Italien. Das war die Traditionsbejahung der Rationalisten, bei expliziter Ablehnung der futuristischen Entwurzelungsabsichten.

Soweit der erste Teil des Manifests. Der zweite Teil war mit *„Die Ausländer"* betitelt. Das Resultat der Architekturbestrebungen im Ausland – heißt es – sei die Klarheit. Besonders symptomatisch sei das in der neuen deutschen Architektur, deren Phänomen die strikte Technisierung aus den Erfahrungen des Industriebaus sei. Dem Stahlbeton falle die absolute Bedeutung bei der Baugestaltung zu. Von solchen reinen und mathematischen Gestaltungen nehme allerdings die österreichische Architektur Abstand, weil dort das Dekor auf Kosten der Rationalität akzentuiert werde, was auf eine dekadente Beliebigkeit hindeute. Die dänische und schwedische Architektur sei besser, jedoch auch nicht frei vom Individualismus, während Holland (Neoplastizismus) den Rationalismus gar übertreibe, zum Schaden der Ästhetik. Interessant sei jedoch Le Corbusier, der über den Konstruktivismus hinausgehend mit einfachen Mitteln nach ästhetischen Effekten suche. Er verliere sich aber in das Bühnenbildnerische. Die architektonische Wiedergeburt Russlands verdiene mehr als einen Hinweis: Durch den dortigen Forschungselan und die geistige Unabhängigkeit, die manchmal die Logik des Konstruktiven und Ästhetischen überschreiten, sei die UdSSR eine Mahnung für Italien. Zum Schluss sei Frankreich erwähnt, wo sich das corbusianische Phänomen zunehmend verbreite, und zwar in einer kontrastierenden Denkweise zum Traditionalismus, wegen der Aufforderung zum Einsatz von Maschinen. Bei allen dadurch hervorgerufenen Missverständnissen sei Le Corbusier als ein Erneuerer bewundernswert. Wesentlich sei zuletzt, im

Vergleich mit Deutschland, wenn auch auf abweichender Ideenbasis, dass die Ähnlichkeit dieser beiden Schulen feststellbar sei.

In den Ländern mit ganz verschiedenen Einstellungen entstehen aus der logischen und rationalen Lösung analoger Problemstellungen zwangsläufig analoge Kreationen. [...] Wahrheit ist, dass der Stahlbeton mit seinen Möglichkeiten bereits eine neue Basis für die architektonische Forschung schuf, um jene absolute Formen durchzusetzen, die in allen Ländern feststellbar sind und die die Gestaltungsgrundlage bilden.

Diese Feststellung wird nun nochmals auf die Antike zurückprojiziert, die auch damals schon ein „Alphabet" von grundlegenden Formen (Säulenordnungen und Bögen) entwickelt habe, und zwar mit dem rationalen Einsatz von damals verfügbaren Materialien, und so habe dies auf internationalen Ebenen auch Bestand gefunden.

Dritter Teil – „*Mangelnde Vorbereitung, Unverständnis, Vorurteile*": Italien sei in all dem zurückgeblieben, wegen mangelnder technischer Ausbildung der Architekten bzw. wegen der in den Schulen herrschenden althergebrachten ästhetischen Dogmatik. Entsprechend ungebildet sei auch die Allgemeinheit, die sich eine falsche pompöse Pracht wünsche. Dies wiederum schlage sich in der Kunstkritik nieder, die die Vorurteile schüre. So werde das kulturelle Erbe der Vergangenheit völlig missverstanden, man verstecke das Bauskelett aus Spannbeton hinter Verkleidungen der vergangenen Stile und zerstöre damit nun jede Beziehung zur tragenden Baustruktur. Andersherum gebe es auch eine Imitation des Auslands, die sich zwar vom Akademismus abwendet, aber die Tradition zerstört. Der Neoklassizismus des Novecento habe eine bedeutungsvolle Rolle in der Zerstreuung der Vorurteile gehabt, befinde sich aber selbst im Niedergang. Die Mitglieder der neuen „Gruppe 7" seien ihr zunächst gefolgt, jetzt aber nicht mehr. Dabei ist man aber auch kein „Corbusianer" geworden.

Vierter Teil – „*Eine neue Epoche der Klassik*": Die Gruppe sei allerdings Anhänger des „Neuen Geistes" – des corbusianischen „Esprit Nouveau". In diesem Sinne forsche sie nach „absoluten Elementen" der neuen Architektur, die so die Existenz der Gruppe bestätigen. Sie erklärt, dass sie am großen Generationsansporn teilnimmt, und dieses in ganz Europa unter vielfältigen Aspekten vorhandene einheitliche Wesen erkennt. Aber ohne dabei modisch zu werden:

Die Architektur verfügt seit kurzem über einen wunderbar neuen Werkstoff, den Spannbeton, den man wirklich neu nennen kann. Auch wenn man bisher geglaubt hat, die Ehrlichkeit des Materials hinter künstlichen Verkleidungen verstecken und gewaltsam in starre Schemata pressen zu müssen – dies hat bewirkt, dass man seine außerordentlichen ästhetischen Möglichkeiten noch gar nicht erkannte (man kann, wie wir es sagten, damit die architektonische Forschung von Grund auf umkrempeln) – so birgt er doch die unzweifelhafte Notwendigkeit einer Erneuerung der Architektur in sich.

Stein und Ziegel haben ihre Jahrtausende alte, instinktiv gewordene Ästhetik der konstruktiven Ableitung der Schwere des Materials in sich. Mit dem Spannbeton verliere diese Wertung aber jede Bedeutung. Aus seinen Möglichkeiten von enormen Spannweiten und schlanken Stützen sowie der neuen Oberflächenstruktur forme der Spannbeton notwendigerweise eine neue Ästhetik, die sich von der Tradition gänzlich unterscheide: das Bauskelett mit rhythmischer Teilung von gefüllten Flächen und Öffnungen sei eine völlig neue Gestaltungsart und entwickele sich aus dem Rationalismus. Es sei eine neue Ästhetik im Kommen, die Architektur stehe vor einer großartigen Zukunft – heute stehe sie erst am archaischen Beginn! Zurzeit schaffe man jene grundlegenden „Typen", die die „Serienkonstruktion" ermöglichen werden, mit dem Bewusstsein, dass Schlichtheit keine Armut ist. Es sei eine rationalistische, antidekorative Tendenz von wenig Material und perfekter Bearbeitung.

Nun, zum Verständnis dieses betonbegeisterten Manifests hier die Betongeschichte in Kurzform: Der Stampfbeton als Kalkmischung kam schon im Neolithikum vor, die Römer wendeten ihn dann systematisch als „opus cementitium" an. Im Mittelalter wurde er vergessen und in der Neuzeit wiederentdeckt. Mit der Industrierevolution erfuhr diese Technologie einen klaren Neuanfang durch die Herstellung des hydraulischen Zements und im 19. Jahrhundert experimentierte man schon mit der Eisenarmierung, womit man die Holzbalken und neuerdings auch die Eisenschienen noch effektiver ersetzen konnte. Die ungewöhnliche Bundmaterie des gegossenen Eisenbetons verlangte jedoch auch nach neuen statischen Rechnungsmethoden. Diese sind erst 1902 in Deutschland publik geworden – und sogleich Anlass für die futuristische Begeisterung. Die Spannbeton-Technik wurde dann ab 1928 in Frankreich patentiert. Der Nutzen: durch mechanisch angespannt-hochwertige Stahlarmierung wird dem Beton eine negative Vorspannung verpasst. Damit kann die Betonkonstruktion erneut über die Null-Spannung hinüber zur vollpositiven Belastung gebracht werden, also stärker belastet oder, bei gleicher Belastung, ihr eine größere Spannweite zugemutet werden. Damit eröffneten sich bisher ganz ungeahnt elegante architektonische Gestaltungsmöglichkeiten – welche die jungen italienischen Architekten bereits vorzeitig und manifest verkündeten.

Beziehungen zum Faschismus

Zusammenfassend: die Rationalisten identifizierten sich – bei gebührendem Abstand zwecks italienischer Traditionspflege – mit den bereits international gewordenen Begriffen des „Esprit nouveau" und „Vers une architecture" des maßgebendsten Architekten der Moderne, Le Corbusier, und zwar mit dem Blick auf eine aufkommende Ästhetik, die durch die neue Bautechnik des Stahlbetons ermöglicht wurde, bei der die zeitgenössische Gestaltungsanstrengungen erst die „Archaik" einer ungeahnt neuen Stahlbetonarchitektur der Zukunft seien, die eine typisierte Erscheinung innehaben werde. Und all dies sei doch nachweislich klassisch-römischen Ursprungs. Gestützt auch auf dieses Traditionsgehabe, sollte die Schaffung einer Architektur von klaren, sauberen, präzisen Formen zustande gebracht werden. Sie sollte ein Vorbild für die zwar in Gang gekommene – aber noch nicht ausgegorene – ästhetische Weltrevolution sein – von Italien aus. Ebenso wie die klassische Antike bisher Vorbild war und jetzt, als italische Ästhetik, international ein „Diktat" weiterführen sollte.

All diese Thesen waren eindeutig mit der Ideologie des entstehenden faschistischen Staates abgestimmt. Hier einige einschlägige Zitate von Mussolini, aus dem „Handbuch der schwarzen Wächter":[27]

Meine Politik ist klar und sauber. (1923, S. 21)

Ich bin Revolutionär gemäß den Umständen, [...] bin aber gewiss Revolutionär, indem ich gegen jede überholt konservative Versteifung antrete. (1920, S. 31)

Italienische Jugend! Sei würdig deiner Vergangenheit und deiner Zukunft. (1929, S. 41)

Die Vergangenheit ist die Garantie der Zukunft. (1924, S. 188)

Die Professoren sind verpflichtet zu lernen, ihr Wissen zu modernisieren und sich nicht in Wiederholungen aus den Büchern der Vergangenheit zu versteifen. (1924, S. 118)

Es sei weit von mir, etwas zu ermutigen, was der Staatskunst ähneln könnte. Die Kunst ist dem Individuum eingeprägt. Der Staatspflicht ist nur: nicht zu sabotieren, den Künstlern menschliche Konditionen zu schaffen und sie, vom artistischen und nationalen Standpunkt aus, zu ermutigen. (1923, S. 111)

An die Wissenschaftler: *Es ist schön, wenn sich solche Köpfe finden, wie die euren, in einem Lande von vielen Dichtern, wie Italien – von großen und kleinen Dichtern, von sogenannten und von weniger echten Dichtern – die sich dem, für mich enorm poetischen, Studium der Zahlen widmen und den Problemen, von welchen größtenteils das Schicksal der Völker abhängt.* (1924, S. 85)

Es ist erforderlich, dass alle Dichter für das Inland, in der Hauptsache aber für das Ausland, Träger der neuen italienischen Zivilisation werden. Man erwartet von den Dichtern, dass sie das tun, was man den „geistigen Imperialismus" nennen könne. (1926, S. 112)

---

27 Mussolini: Übersetzung aus dem Italienischen vom Autor.

...wir sind Imperialisten mit römischem Vorbild, weil wir eine legitime Er-oberung mit Waffen durch die unsterblichen Gesetze Roms unterstützen wollen. (1920, S. 75)

Gewiss findet man auch Sinngegensätze in den Sammlungen von Mussolinis Aussagen. Das ist aber kein Zufall – wie in der „Dottrina" auch offen zugestanden wurde –, sondern gedankliche Anpassung an eine jeweils aktuelle Aktion: „*reaktionär oder revolutionär*" zu sein, je nachdem. Daher rührt eine fast fröhlich anmutende, künstlerische Atmosphäre (im Vergleich zum Nazismus oder Bolschewismus), die sich national, fortschrittlich-modern oder beides zusammen wähnte bzw. im internationalen Geltungsbedarf des neuen Regimes als Versprechen wirkte. Dazu hier noch einige Zitate unmittelbar zur Architektur, aus einer Dissertation über faschistische Staatsbaukunst:[28]

> Mussolini: *Meine Ideen sind klar, meine Befehle präzise. Ich bin überaus sicher, dass sie sich zu konkreter Realität wandeln werden. In fünf Jahren soll Rom vor allen Völkern der Welt erscheinen: breit, geordnet, potent, wie es war zur Zeit des Ersten Imperiums von Augustus.* (1925, S. 19)

> Wettbewerbsausschreibung unter Aufsicht Mussolinis: *...die augustinischen Vorbilder des „Romanità" sollen nicht so interpretiert werden wie leere akademische Übungen, sondern als essentialistisch konstruktiver Geist und Formen des Ansporns und der Suche [...] Das neue Italien verlangt nun von den Künstlern eine moderne italienische Architektur, wobei den Wörtern italienisch und modern eine präzise Deutung gegeben ist.* (1926, S. 70f)

> Mussolini an die Rationalisten: *Ich habe unwiderruflich zu präzisieren, dass ich für die moderne Architektur bin, für jene unsriger Zeit. Jede Zeit hat ihre eigene funktionelle Architektur hergegeben, auch die Denkmäler von Rom [...] Die Antike kann aber nicht wiedergebracht werden.* (1934, S. 139).

Der sich in einer zunehmenden Vereinfachung aus dem Novecentismo herausschälende Razionalismo deklarierte, wie schon ausgeführt, die Erfüllung

---

28 Estermann-Juhler: Übersetzugn der italienischen Originalzitate vom Autor.

der Forderung nach „Romanità" durch Bezugnahme auf das Phänomen von Typisierungen in der römischen Architektur. Die neue Formgestaltung sei dabei durch die Ästhetik des Stahlbetons bzw. zur industriellen Vorfertigung bestimmt. Zynisch wirkt dabei, dass man den Begriff der Romanität der europäischen Moderne aufdrängen wollte, wo man den italienischen Rationalismus (dieselben Rationalisten haben in der Nachkriegszeit die faschistische Ideologie problemlos abgeschoben) einwandfrei europäisch nennen kann. Das erste bedeutende Objekt des Rationalismus lag sogar in einer Parallele zum sowjetischen Konstruktivismus…

Hauptwerke (mediterraneità)

Die Rationalisten zogen mit dem „Skandal von Novocomum" die Aufmerksamkeit auf sich: Terragni erhielt die Baugenehmigung für ein großes Wohnhaus in Como, nahe des Seeufers, fälschlicherweise durch Darstellung einer Novecento-Fassade. Das Haus wurde hinter einem verdeckenden Gerüst hochgezogen, und als dieses 1929 entfernt wurde, erschien eine präzis geschnittene, hochmodern klare Fassade! Dies bestätigt aber auch, dass ein modernes Konzept des Novecento und eine gewisse elementare Unausgegorenheit des Rationalismus vereinbar waren. Beide Ideologien konnten in einem Plankonzept abgestimmt werden! Das Haus, genannt „Novocomum", ist damals zu einem landesweiten Riesenskandal geworden, heute aber empfindet man bei seiner Betrachtung kaum noch etwas: es fügt sich einwandfrei in das Stadtbild ein[29]. Im Detail wirken nur die Ecklösungen etwas befremdlich, die die herkömmliche statische Empfindung leugnen und damit nachdrücklich auf die konstruktiven Möglichkeiten des Stahlbetons hindeuten. Diese Ecklösung ist aber auch schon bei den konstruktivistischen Planungen für Moskau nachweisbar[30].

Die positive Kritik (Mussolini schmunzelte nur) begeisterte sich an diesem „antiromantischen, antiakademischen Haus", das nicht aus einer augenblicklichen Laune heraus entstanden sei, und dessen Ästhetik in wenigen

---

29 Edificio Appartamenti-Novocomum, S. 15-27.

30 Fonatti, S. 78.

Jahren keine ästhetische „Abnormität" mehr darstellen werde[31]. Und besonders sei dies[32]: „... *eine antinordische Architektur, südländisch und mediterran; man möchte sagen, eine freundliche, ruhige Architektur, eine horizontale Entspannung der Linien vor dem horizontalen Azurblau des Wassers. Eine sonnige Architektur, wie an der Küste von Amalfi und auf den Felsen von Capri".*

Giuseppe Terragni: **CASA NOVOCOMUM** Como 1927-28

Hier taucht ein neuer Begriff auf – parallel zur Romanità die „*Mediterraneità*"! Eine Sondercharakteristik des italienischen Rationalismus. im Unterschied zu der sich ebenfalls als modern betrachtenden (noch zu erklärenden) „Römischen Schule". Der Begriff des „Mediterranismus" geht auf den Schriftsteller A. Savinio – ein Pseudonym, kein anderer als Alberto, der Bruder Giorgio de Chiricos – und auf seine Beschreibung „*Capri*" (1926) zurück. Der Gedankengang beruht da auf einem an sich schon althergebrachten Topos dieser mythisch-archaischen Insel, etwa wie es Alberto formulierte: „*Von den steilen Hängen schweift der Blick über die Brüstung einer Terrasse, überdacht mit einer von weißgetünchten Säulen unterstützten leichten Pergola, hinaus auf den See zum toten Pompeji hin".* Die Erzählung beschreibt eine typische Art des edel-einfachen mediterranen Wohnens in Landhäusern, deren Kultur aus dreitausend Jahre alter Tradition hervorgeht und mit dem „mare nostrum" des Mittelmeerraumes verbunden ist. Die Idee dieses „mediterranen Mythos" – der Freiheit von der autoritären Klassik –, die

31 Ebd. S. 26-33.
32 Figini: S. 28.

sich der Totalitarismus dermaßen zynisch aneignete, ist zu einer stillen Sehnsucht nicht nur in Italien geworden[33]. Der Charakter dieser Sehnsucht wurde schlüssig definiert: *„Sprechende Geometrie, eine Architektur, die von ihren Mauern das Leben erstrahlen lässt, ein Gesang"*[34].

Dieser Mediterranismus ist auch mit Le Corbusiers Inspirationen vereinbar und nachweisbar seit seinen Jugendwanderungen bis buchstäblich zum Tode – er ertrank an der Côte d'Azur. Selbst vier von ihm geführte Kongresse, von insgesamt dutzend CIAM (Congrès Internationaux d'Architecture Moderne), fanden im Mittelmeerraum statt, zweimal in Athen. Der IV. CIAM 1933 ist eigenartigerweise auf einem gecharterten Schiff veranstaltet worden, „zu Suche nach mediterraner Essenz"[35]. In diesen Zusammenhängen erscheint nun das Vorzeigewerk des Razionalismo: *„Casa del Fascio"* in Como, von Terragni 1932 geplant und bis 1936 gebaut, in dem sich Klassik, Modernität und Mediterranität verschmelzen[36].

GIUSEPPE TERRAGNI il poeta
ex Parteihaus CASA del FASCIO Como 1932-36

---

33 Gambardella, S. 7-12.

34 Ebd. S. 72.

35 Ebd. S. 33ff.

36 Fonatti, S. 44-55.

Das Parteihaus kann kompositorisch aus Le Corbusiers Gestaltungsanalytik abgeleitet werden, Terragni machte es aber so, dass er die geometrisch anscheinend vollkommenen Würfel des Baukörpers durch die Entnahme von einzelnen kubischen Teilen lockerte. Die so gewonnene Räumlichkeit fasste er sodann in ein Skelettraster aus Stahlbeton ein. Dieses „Wegnahme-Prinzip" verfolgte er aber auch im Skelettgefüge selbst: es blieben nur einige Teile des Würfels materiell erhalten, andere dienten einer Transparenz, die sich der Umgebung (Domplatz, Berghang) öffnete, bzw. diese Umgebung in den Würfel optisch hineinzog. In ein verglastes Atrium, das für Menschenversammlungen diente – wie auf einer inneren Piazza. Alles sichtbar in diese „technische Halle" gefasst und modern in seiner Form: *„Große Öffnungen und Glasinterventionen mit dem Stellenwert einer Oberfläche, horizontale Stratifikationen* [Galerien], *subtile Pfeiler"*. Die Außenfassaden sind viermal unterschiedlich, bei deutlicher Hervorkehrung des Skeletts und mit der Aussteifungsfläche an der Hauptfassade: zurückhaltend in der Hofansicht, plastisch-schattenspielend südlich und formgegliedert an der Nordseite. Das Haus fügt sich unauffällig in die Straßenflucht, setzt aber, vom Domplatz gesehen, einen angenehmen Kontrast. Es verbreitet einen ungeahnten Zauber, sowohl nach außen als auch nach innen – *keine bildliche Darstellung kann das so wiedergeben*. Die Technik der Stahlbetonkonstruktion, welche all das eigentlich ermöglicht hatte, ist nicht demonstrativ herausgekehrt – wie am Novocomum – sie hat hier eine integral ästhetische Bestätigung gefunden.

Zusammenfassend[37]: Terragni verhalf der italienische Architektur zur Emanzipation vom historisierenden Eklektizismus des 19. Jahrhunderts – womit sie in die neue internationale Sprache übersetzt worden ist. Er verwandelte die Stärken der Statik in Ästhetik, auch mit neuen Baumaterialien wie dem Stahlbeton, er kombinierte die Moderne mit der Klassik, das aber mit Unschuld – und nahte die Geometrie zur Poesie hin. Seine Bauten und Projekte sind eine Fundgrube von Erfindungen. Terragni gründete Bewegungen wie die „Gruppo 7" und unterschrieb deren rationalistische Manifeste – was dann in MIAR (Movimento Italiano per l'Architettura Raziona-

---

37 Armando Besio: La rivoluzione di Terragni, In: La Repubblica.it – Archivio 17.04.2004.

le) erweitert wurde – und er nahm an den internationalen Kongressen wie CIAM teil, wodurch er 1933 in Athen Le Corbusier kennenlernte. Terragni malte auch, und so wurde er nach Rom eingeladen, wo er sich in den großen Konkursen für die Gestaltung der Hauptstadt versuchte, aber ignoriert wurde. Trotzdem wurde ihm 1938 das – nie gebaute – repräsentative Projekt für das „Danteum" anvertraut, das ein Tempel der Poetik werden sollte. In seiner Projektpräsentation bemerkte er: *„Architekturdenkmäler und Literaturwerke können gleich sein".*

Gewiss sind diese jungen Rationalisten bekennende Faschisten gewesen, das liegt aber zeitlich schon ein Menschenleben weit zurück. Womit die einfältige Leugnung ihrer doch brillanten Kulturleistung heutzutage selbst als eine voreingenommen-ideologische Versteifung erscheint[38]. Der Architektur-Rationalismus ist nämlich durch Nachkriegsrationalismus weiter aufrecht erhalten geblieben, gar bis nach Deutschland hin – siehe Ungerer. Jedoch im Nazi-Vergleich: Der verhinderte Architekt Hitler plante die Hauptstadt des „Tausendjährigen Reiches" gigantisch-banal – eben ohne Kulturfolgen.

Die Römische Schule (romanità)

Und doch, es gab eine blasse Ähnlichkeit dazu in Rom, etwa im Rahmen des politischen Übergangs zum totalen Staat, während der zweiten Hälfte der 30er Jahre. Dessen Architekturprotagonist war der Architekt Marcello Piacentini (1881-1960), Sohn eines arrivierten Architekten, und dadurch bereits schon verdächtig! Rom ist ja während seiner Jugend noch ein Provinznest gewesen, dessen rückständige Bauweise und Geschmack noch lange andauerten. Piacentini kam tatsächlich aus einem solchen Milieu. Seine ersten Bauten ab 1910 deuteten allerdings eine stilistische Überwindungstendenz von dieser Altlast an. Nach dem Regimewechsel ging er politisch völlig konform und passte sich den Forderungen Mussolinis zu einer „romanità moderna" wörtlich an. Sogleich ist er auch Chefredakteur der führenden Zeitschrift „Architettura" geworden, kontrollierte die wichtigsten Wett-

---

38 Fonatti, S. 8.

bewerbe, Ausstellungen und, nicht zuletzt, die Architektenausbildung als Universitätsprofessor.

Abgesehen von einzelnen Profanbauten lässt sich der Werdegang Piacentinis im Monumentalbereich, vom ehemals aufgedonnerten Historismus zu einem römisch geprägten „Novecentismus", besonders in der vornehmen Straße Vittorio Veneto gleichsam nachbarschaftlich miteinander vergleichen: das „Ambasadorenhotel" (heute Grand Hotel Palace) bereits eklektisch gemäßigt und das (ehemalige) „Korporationsministerium" schon fast modern. Bei dem „fast" blieb Piacentini allerdings, und in dieser Art durfte er nach und nach ganze Straßenzüge und repräsentative Plätze gestalten, im

Rahmen der radikalen Eingriffe, die Mussolini befahl, um Rom wieder imperial-repräsentativ umzugestalten. Auf Piacentini geht so auch die umstrittene „sistemazione" der Achse Conciliazione zum Petersplatz zurück, wo, wie anderorts auch, manche altwürdig historischen Häuser – zugunsten einer Monumentalachse – wegsaniert wurden. All dies geschah jedoch zunächst in Konkurrenz mit den jungen Rationalisten, an denen Mussolini seinen Gefallen fand, so dass sich Piacentini allmählich bedroht fühlen musste. Daher griff er schon voraussehend diese Konkurrenz an ihrer Wurzel an: *„Warum sollen mit Gewalt die zwei Termini: Architektur und Rationalismus, äquivalent werden?"*[39] und besonders[40]:

...warum soll die Festigkeit und die Potenz des Materials auf seine einfachste, leichteste Funktion reduziert werden? Stahlbetonsäulen, verein-

---

39 Pfamatter, S. 30f.
40 Lupano, S. 73ff.

zelt in Abständen; horizontale Träger, gerade und basta. Aber mit dem Stahlbeton kann man machen was man will [...] Warum diese Bärbeißerei, dieser Verzicht, dieser architektonische Franziskanismus?

Alles sei eine Manie! Piacentini verwarf die moderne Bautechnik nicht, den schlichten Formen war auch er zugeneigt, behielt aber die herkömmlichen Ausmaße bei. Er wollte keine großen Spannweiten, die die Architravordnung sprengen würden, folgte also der Stahlbetontechnologie eigentlich nicht. Er war diametral gegen die Rationalisten eingestellt, die gerade aus dem Stahlbeton eine neue Architekturästhetik herleiten wollten. Bald musste aber Piacentini einsehen, dass er nur mit Polemik dem Rationalismus nicht beikommen würde. Die jungen Architekten organisierten sich 1928 in MIAR und preschten nach Rom mit einer Ausstellung, die den Rationalis-

CITTÀ UNIVERSITARIA *SAPIENZA* Roma
A. Foschini: PROPILEO   1932-35
                                        M. Piacentini: RETTORATO

mus offen zur Staatskunst empfahl: als den *„einzigen Interpreten des modernen futuristischen Staates“*. Sie zeigten dabei dezent-provokativ einige Bilder von Piacentinis Werken, an einer „Horrortafel“[41]. Die Eröffnung dieser Ausstellung erhöhte Mussolini durch seine persönliche Anwesenheit[42]. Piacentini besann sich also der Diplomatie: er trachtete sich nunmehr selbst an die Spitze der Rationalismusbewegung zu setzen, durch drei simultane Aktionen: 1) Er bildete, im Rahmen des parteilich kontrollierten Architektur-Syndikats, eine „Gruppierung der modernen italienischen Architekten“, als goldene Brücke für jene Rationalisten, die ihre freie MIAR verlassen mochten. 2) Als Köder wirkte er mit Aufträgen für die Planungen der Uni-

---

41 Ebd. S. 72.
42 Estermann-Juhler: S. 103.

versitätsstadt in Rom (erbaut 1932-1935). Die drei Druckmittel: Kompromiss, Korruption und 3) nach wie vor polemische Schmach durch das Zentralblatt wirkten sich wunschgemäß aus. Innerhalb weniger Jahre löste sich MIAR auf[43].

G. Guerrini u.a: PALAZZO della CIVILTÀ ITALIANA   "Colosso"
EUR42 bei Rom gegen 1941, Hauptachse gemäß M. Piacentini
Bildsammlung des Autors   A. Libera: KONGRESSHALLE

Da begann eben auch die Periode des totalen Staates, wobei Piacentini 1936 schon zufrieden feststellen konnte, dass die italienische Architektur von *„einheitlicher Physiognomie, organisch einheitlich und stilistisch definiert"* ist[44]. Wie, das zeigte sich an den Bauten einer neuen Vorstadt von Rom, für die Weltausstellung 1942, die jedoch wegen des Kriegsausbruchs nicht stattfand. Die im Wesentlichen dennoch verwirklichte „EUR-Anlage", mit den seit 1938 hergestellten Bauten, ist ein Triumph des Monumentalismus geworden, allerdings schon unausweichlich in der Stahlbeton-Bauweise, wenngleich keineswegs gestalterisch präsentiert. Was Terragni in Como mit der Skelettgestaltung brillant darbot, ist hier am dominantesten Bauobjekt der Anlage – dem „Colosso" – mit Bogenwaben völlig versteckt worden. Ein anderer, gar die Regel bestätigender Irrationalismus: die zweite dominante Kongresshalle, vom angepassten Rationalisten Adalberto Libera, wollte ein gänzlich neuartiges, selbsttragendes Schalengewölbe vorzeigen – solche praktizierte man

---

43 Zevi, S. 158f.
44 Lupano, S. 158f.

neuerdings schon in Europa – allerdings wagte sich Libera hier ohne gesondert tragenden Rippen nicht ran.

Der Gesamteindruck des EUR-42: Man wandelt in dieser ambitiös-städ-
tischen Anlage doch so befremdet, wie man ja auch die Bilder von Chirico
betrachtet.

Und all das bereits unter dem allmächtigem Einfluss von Piacentini. Auch
darüber hinaus bleibt noch die späte Ironie, dass Piacentini an einem der
hervorragendsten Stahlbetonbauten Italiens, der großen Sporthalle für die
Olympiade 1960, noch „mitgearbeitet" hat. An diesem kosmopolitischen
Ingenieurbau, der nochmals eine übermütige Gesamtanlage Piacentinis
krönte, korrigierte er noch herum, nebensächliche Glasflächen mit Natur-
steinverkleidungen „tamponierend".

Nachkriegsrationalismus

Nach dem Kriege blieb von der „Monumentalmoderne" Piacentinis nichts
mehr übrig. Der Rationalismus – jetzt gelegentlich auch „Neorealismus" genannt – tauchte aber wieder auf. Er wurde meist von der alten Garde getragen, die die faschistische Ideologie darin einfach wegließ. Allen voran stand
nun Adalberto Libera (1903-1963), der Mitglied der „Gruppe 7" und sogar
dessen ideologischer Vorreiter gewesen war. Jener Ideologe, der u.a. die
Ausstellungshalle zum 10. Jahrestag der Marcia und die EUR-Kongresshalle
schuf, aber bei dem ehemals großartigen Wettbewerb für den „Palazzo del
Littorio" am neu durchbrochenen Via dell' Impero (zwischen Kolosseum
und Vittorio Emanuele II.-Denkmal, am alten Forum vorbei) offiziell schon
dahinsiechte. Die Rationalisten kamen bei diesem Wettbewerb gar nicht
mehr ran, nur Libera erhielt einen Trostpreis[45]. Terragni war schon an der
EUR-Ausschreibung gescheitert, wo jedoch Libera noch seine erwähnte
Chance bekommen hatte: mit dem einzigen Objekt, bei dem die Stahlbetonkonstruktion irgendwie zum Ausdruck kommen konnte. Das ist wohl wegen der für eine Kongresshalle unvermeidbaren großen Spannweiten der
Fall gewesen.

---

45 Garofalo: Nachstehendes für Libera.

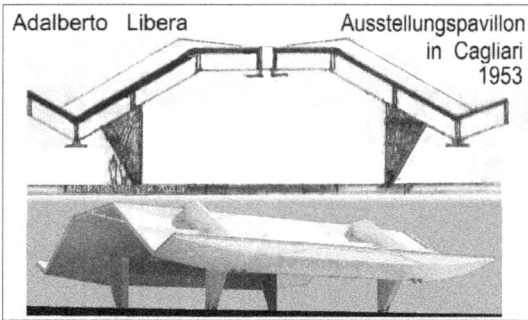

Adalberto Libera · Ausstellungspavillon in Cagliari 1953

Zu Beginn der Nachkriegs-ära wendete sich Libera entschieden der ästhetischen Herausbildung von sichtbaren Stahlbetonkonstruktionen bei Bauwerken zu. Er führte die konstruktiven Elemente des Objekts sichtbar an der Fassade aus und erweckte besondere Aufmerksamkeit mit dem Messepavillon in Cagliari 1953: Da war er schon deutlich von strukturellen Auffassungen des – hier noch zu besprechenden – Ingenieurs P.L. Nervi beeinflusst, einer Ästhetik, die aus der „Realität der Statik" hervorgeht.

Um nun die Übersicht über die italienische Baugeschichte mit ihren herausragendsten Werken unmittelbar nach der Mitte des 20. Jahrhunderts abzuschließen, muss ich einen Umweg über Amerika nehmen. Über jene Heimat der Wolkenkratzer, die der bedeutendste Architekt der „Chicagoer Schule" Louis Henry Sullivan erschaffen hatte. Er führte die dort schon entwickelte sehr hohe Bauweise, die strukturell schon eine besondere Gestaltungsart forderte, bereits um die Jahrhundertwende durch den Skelettbau zur modernen Formgebung hin. Im Einklang mit seinem geflügelten Spruch: *„Die Form folgt der Funktion"* formten diese Idee und das Konstruktionssystem überhaupt die Skylines aller amerikanischen Großstädte. Dementsprechend verfuhr auch der deutsche Architekt Mies van der Rohe – er ging nach Chicago als Hitler seine „Bauhaus"-Schule auflöste. Unten seinem Motto *„Weniger ist mehr"* baute er dort die berühmt gewordenen Doppelhäuser „Lake Shore Drive" am Michigan-Seeufer (Apartments, 1951). Diese erhielten jedoch eine besondere Neuerung: die „vorgehängte Glasfassade". Das ist dann „Le crie" der internationalen Architektur der 1950er und '60er Jahre geworden, und zwar mit einer konstruktionsbedingt strengen Rechteckigkeit in der Gesamtgestaltung.

Chicago 1951

Nach dem Krieg übernahmen die USA das kulturelle Sagen, und die noch kommenden wenigen Jahrzehnte kann man bereits als „Spätmoderne" bezeichnen, oder durch die schon allgemein gewordene Idee auch als „internationale Architektur" stilistisch kategorisieren: kubistisch dekorationslos und konstruktiv klar. Bei solcher „Stilistik" wurde die Architektur allerdings regional entkoppelbar und welteinheitlich möglich. Während anfangs, noch gegen den müden Historismus und frivolen Jugendstil opponierend, die „modernen" Experimente erfrischend wirkten, so wurden sie in den 1950ern bereits selbstverständlich – mündeten gar auch in eine dogmatische Routine hinein – und sind somit zunehmend bedenklich geworden. Die Rebellion entlud sich dann auf dem X. CIAM 1956 in Dubrovnik und der XI. CIAM 1959 zerfiel endgültig, wie auch die von ihm vertretene einheitliche „Stilistik": zugunsten von Regionalismen – vorneweg Japan und Lateinamerika – bzw. zu einer ironisierenden „Postmoderne" hin.

Überwindung des Rationalismus

Mit dem Wirtschaftsaufschwung begann der Turmhausbau auch in Mailand, und zwar in der zweiten Hälfte der 50er Jahre gleichzeitig mit zwei hervorragenden Exemplaren. Die damals international angesehene Zeitung „L'Architecture d'Aujourd' Hui" (AA) zeigte u.a. den „Pirelli"-Wolkenkratzer noch vor seiner Vollendung[46] Es ist der Sitz eben dieses Autoreifen-Fabrikanten. Architekt ist der bereits bekannte Giò Ponti, unter Beratung des Ingenieurs P.L. Nervi. Über das durch diese Zusammenarbeit entstandene vollbetonierte senkrechte Tragsystem hieß es, dass damit[47]:

> ...eine wahre architektonische Plastizität, eine Synthese der Architektur und Struktur erzielt wurde [...] Diese Konzeption, ganz neu, habe die Anwendung des Spannbetons ermöglicht, der gleichzeitig dem ganzen Bau eine solche Form verlieh, die entsprechend eine Art von sichtbar perzipierbarer „Spannung" ergab.

---

46 AA Nr. 77/1958, S.XXXIII zu Pirelli vergl. auch Irace.
47 Ebd. Nr. 82/1959, S. 44-47 und Nr. 92/1960.

Dabei war diese Konstruktionsstruktur etwas ganz neues. Die amerikanischen Wolkenkratzer sind um einen vertikalen Kern, einen festgefügten schmalen Turm herum gebaut worden, welcher die Treppen, Aufzüge und die Nebenräume beinhaltete, die Nutzräume selbst umgaben nur diesen stabilisierenden Turm. Das Pirelli-Turmhaus wirkt aber gänzlich wie ein Baum, mit sehr hohen Biegespanungen in Erdnähe – was eben mit Spannbeton zu bewältigen war. Daher das „Spannung"-Zitat Giò Pontis. Er selbst sagte schon 1945: „*Die Architektur ist ein Kristall [...] magisch, verschlossen, exklusiv, autonom, unbesudelt, korruptionsfrei, definitiv wie ein Kristall*", um dann 1957 das Pirelli-Haus mit einer Berglandschaft zu vergleichen: wie dort allerlei land-

Bildsammlung des Autors und *AA nr. 82/1959*

schaftliche Eindrücke entstehen, so soll man beim Umkreisen des Hauses verschiedene Ansichten erleben können. Das Haus Pirelli ist, als Inbegriff des italienischen „good design", ein lyrischer Ausdruck der „technischen Zivilisation", der nun wie ein einzigartiges Kunstwerk weltweit bekannt ist[48].

---

48 Irace, S. 162-171.

Der andere Turm – „Torre Velasca" – wurde von der 1932 gegründeten rationalistischen Architektengruppe von G. Banfi (Ehrenmitglied – im Krieg umgekommen), Lodovico Belgioioso, Enrico Pressuti und Ernesto Nathan Rogers, BBPR, erbaut. Der „bizarre Bau" (AA 1959) wurde von den Architekten angeblich damit gerechtfertigt, dass man für die Wohnungen in der oberen Geschossen, im Unterschied zum Bürounterbau, mehr Raum benötigt hatte. Allerdings ist der schlanke Grundriss von der Enge des Velasca-Platzes erzwungen worden. Diese senkrechte Konstruktionsstruktur ist ebenfalls völlig aus Stahlbeton, etwa als Vergitterung des herkömmlich vertikalen Kerns. Ganz oben konnten dann die Geschosse verbreitert und mit schrägen Betonspreizen aufgefangen werden, wodurch der Eindruck eines gotischen Wehrturmes aus Fachwerk entstand.

Es ist aber doch eindeutig, dass diese Ausgefallenheit die feste Absicht der Architekten gewesen war, gar als Hinweis auf die Nähe des gotischen Mai-

TORRE VELASCA
Gruppo BBPR
Milano 1955-60

Bildsammlung des Autors und AA 82/1959

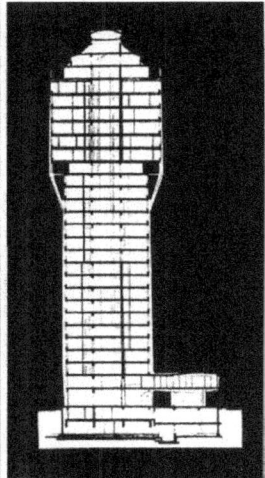

länder Domes. Die zeitgenössische Kritik konnte solch ein „Verbrechen" an den allmählich schon modern-akademisch gewordenen Regeln (Asymmetrie, Geometrie, Fensterstreifen, keine Profilierungen) des „international Style" kaum verkraften: die Italiener sorgten also abermals für einen – diesmal aber schon weltweiten! – Skandal. So hatte der Pariser AA eine italienische Bewegung ausgemacht (Nr. 77/1958, S. XXXIII), die sich mit der „Casabella"-Zeitschrift (vom BBPR geführt) zu einer Art Romantismus habe ermutigen lassen: *„Das ist eine gewaltige Reaktion praktisch gegen allen Errungenschaften der zeitgenössischen Architektur, die so zur Diskussion gestellt worden sind"*! Der Artikel ist mit *„Casabella... casus belli?"* betitelt worden, u.a. zweifach mit dem „Torre Velasca" illustriert und von der Polemik begleitet: *„Uns scheint es, dass diese Art des schlecht-rechten eklektischen Panoramas eine totale Konfusion von real konstruktiven Tendenzen der zeitgenössischen Architektur kreiert"*.

Die Antwort von „Casabella"[49]: *Im Gegenteil, wir sind stolz darauf, einen wichtigen Beitrag zu Problemen der aktuellen Architektur darzubringen, in einer Verbreitung und Vertiefung der Historiographie gerade dieses Rahmens, oder [...] dass wir mit voller Vitalität dazu stehen. Es heißt, wir seien die Negation dieses desolaten Konformismus, womit aber die gesagte Zeitschrift [AA] ihre Leser gefällig zu füttern pflegt.*

Das war starker Tobak, bereits im Jahre 1958! Es war sehr wohl der offene Beginn einer ungehemmten Auseinandersetzung mit der „Moderne", und das von Architekten, die im Rahmen eines totalitären Regimes auch vorher einen fortschrittlichen Architekturgedanken vertreten haben. Die AA wurde allmählich genötigt, sich mit der zunehmenden Krise der europäischen Architekturmoderne ernsthaft zu befassen. Eine amerikanische Kritik fand 1960, dass es in ganz Europa nur *„Stottern und ein schlechtes Kopieren der mittelmäßigen amerikanischen Architektur"* gebe. Dieser kritische Amerikaner fand sogar die Einmaligkeit des Pirelli-Hauses uninteressant und langweilig. Vor der „Torre Velasca" stand er allerdings ratlos: sie sei *„kontrovers und schwer definierbar, selbst von ihren Freunden"*[60].

---

49 In AA nochmals wie Notiz Nr. 46.
50 Creighton in AA Nr. 92/1950, S. 197ff.

Das Zerwürfnis der Architekturmoderne ist mit Torre Velasca überdeutlich geworden. Eingeleitet worden war dieser Vorgang aber schon mit den CIAM-Skandalen der späten 50er Jahre. Für uns liegt die Betrachtung der weiteren Entwicklung hier aber außerhalb der gestellten Aufgabe. Der Rest-Rationalismus entwickelte sich noch zu einem geometrisch betonten Formalismus hin, und uns bleibt an dieser Stelle nur noch ein Hinweis übrig: Die Ideenkrise der Moderne ist in der Architektur schon knapp ein Jahrzehnt vor 1968 überdeutlich geworden, als ziemlich spät die Kritik der Moderne doch die allgemeine Verbreitung fand. Jedoch als die denkenden Architekten schon in Zweifeln zerrissen waren, „modernisierte" man noch politisch und routiniert munter weiter...

Ein hervorragender Sonderfall

Pier Luigi Nervi (1891-1979), Sohn eines Postbeamten, erhielt sein Bauinge-
nieur-Diplom kurz vor dem Krieg und machte sich dann 1923 als Bauunter-
nehmer in Rom selbstständig. Einen Namen machte sich Nervi dann 1929
bis 1932 mit der Planung und dem Bau des Sportstadions in Florenz. Die
Ausschreibung gewann er zunächst einmal wegen der außerordentlichen
Wirtschaftlichkeit seines Projekts, zu Berühmtheit gelangte er aber wegen
der absoluten Neuartigkeit des Tribünendachs, beziehungsweise wegen dessen außergewöhnlich konstruktiven Kühnheit: 20 Meter ausragend bei 17
Meter freier Tragweite – alles aus Stahlbeton. Und zwar in strukturellem
Verbund mit der schrägen Tribünenkonstruktion selbst, womit die gesamte
Stabilität der Konstruktion gewährleistet wurde. Die Form der Dachträger
ist zwar statisch bestimmt – gemäß verringernden Drehbelastungen – aber
auch bewusst ästhetisch ausgebildet. Und
nochmals mit ästhetischen Akzenten:
drei Meter breite Spiraltreppen, die die
lange Tribünenfassade fünfmal gliedern.
Diese sind statisch gar nicht berechenbar
gewesen. Nervi trennte also ihre Konstruktion in berechenbare Sektionen und
vertraute dabei auf das monolithe Zu-
sammenwirken des Stahlbetons. Insgesamt reizte er hier alle technischen Möglichkeiten des neuen Baumaterials und
der Schalungstechnik aus[51].

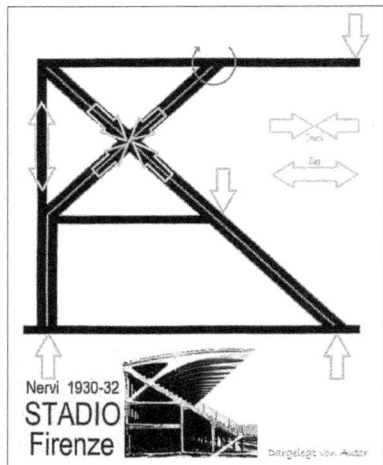

Es folgten weitere virtuose Projekte für ungewöhnlich große Flugzeughan-
gars in Orvieto 1935 und Orbetello 1942 (alles im II. Weltkrieg zerstört).
Die von ihm wirtschaftlich günstig erdachte, aber statisch völlig unbere-
chenbare „geodätische Konstruktionsstruktur" untersuchte Nervi anhand

---

51 Paolo Desideri, Pier Luigi Nervi jr. und Guseppe Positano: Pier Luigi Nervi.
   Bologna 1992.
   Ada Huxtable: Pier Luigi Nervi, Regensburg 1960.

eines Modells. Dieses wurde mit Gewichten belastet und mittels Dynamo-
metern die so hervorgerufenen Spannungen gemessen[52]. Es stellte sich heraus, dass seine gefühlten Schätzungen nur weniger Korrekturen bedurften.
In Orvieto stellte er dann mit aus Betonfertigteilen fabrizierten Lamellen
ein kassettiertes form- und massenaktives Tragsystem her. In Orbetello verwendete er danach, auf Grund der schon gewonnenen Erfahrung – alles
Stahlbeton – statt Lamellen Gitterelemente. Diese, besonders noch in ro-
hem Konstruktionszustand vor der Abdeckung, ergab eine noch nie gesehe-
ne Ästhetik.

Nervi hatte kein Anteil in den ideologischen Konkurrenzkämpfen der Rationalisten und Monumentalisten um Mussolini herum gehabt, er kümmerte
sich einfach um seine Bauunternehmung. Zwar versuchte er sich in Wettbe-
werben um EUR42, aber erfolglos. Für eine Ausstellungshalle zeichnete er
jedoch damals schon ein ästhetisches Novum – eine Rippendecke, in der
die Rippen „isostatisch" gekurvt genau den Spannungen in der Betonplatze
folgen. Mit dieser Neuheit und vielem Anderen noch wird Nervi erst nach
dem Zweiten Weltkrieg seinen Weltruhm erlangen und zum Nationalhelden
aufsteigen

Die Wende trat Nervi mit seiner Erfindung des „ferro cemento" (Eisenze-
ment) an. Zwecks Vorfabrikation und für die besondere Leichtigkeit entwickelte er einen dünnen, metallisch flexiblen und elastischen, sehr wider-
standsfähigen Werkstoff. Eigentlich war das ein bekanntes Verfahren gewesen: auf Drahtnetz aufgespritzter Mörtel, er jedoch führte das in flächenak-
tiv-gewundener Form aus. Diese Elemente sind dann vor Ort mit geringen
Mengen, den statischen Erfordernissen entsprechend zugefügtem Stahlbeton gestärkt und so endgültig befestigt worden. Ein besonderer Vorteil
dieses Systems war nebst hoher Tragfähigkeit auch der Wegfall von Schalungen und, abermals, eine neue ästhetische Erscheinung ohne jede nachhe-
rige Behandlung der Sichtflächen. Nervi veränderte damit nicht nur die herkömmliche Baustellentechnologie des Betonierens, sondern eröffnete neue

---

52 Noch mangels Computerberechnung, auf dieselbe Art wurde das Olympiadach
   für München statisch untersucht.

architektonische Lösungsmöglichkeiten; und er schnitt gar die ästhetischen
Auffassungen der modernen Architektur selbst an.

Bildsammlung des Autors **FERROCEMENTO**

Seinen Antritt als Universitätsprofessor unterstrich Nervi 1945 mit dem
theoretischen Werk: *„Scienza o arte del costruire?"* – ob Bauen Wissenschaft
oder Kunst sei? Er analysierte darin das Zusammenspiel der Statik, der
Funktion und der Ökonomie, als einzigartig lebendige Realität der Architektur, die mit der fundamentalen Gestaltungsidee in Einklang gebracht werden müsse: allesamt durch die menschliche Fähigkeit, die Erfahrungen am
Bau selbst umzusetzen und diese auch aus dem Bau selbst zu schöpfen.
Diese humane Komponente am Bau, jedoch den Gesetzen der Statik unter-
worfen, garantiere den ästhetischen Erfolg. Nämlich: Alle statischen Systeme teilen sich in zwei Kategorien: die statisch determinierten und die hyperstatischen Systeme. Die ersten (typisches Beispiel: auf zwei Punkte aufgeleg-
ter Balken) sind mathematisch einfach berechenbar; die anderen (homogene
Kombinationen komplexer Systeme) sind kaum exakt berechenbar. Und
hier setzt die menschliche Qualität an – fand Nervi heraus –, die unbere-
chenbaren Systeme durch die voraussehende Intuition zu entwerfen und im
Nachhinein zu verifizieren – anstatt direkter Berechnung. Daher spiegeln
die hyperstatischen Systeme den humanen Geist wieder, und die geeignete
Materie zu deren Gestaltung ist der Stahlbeton: *„Das schönste Konstruktionssystem, das die Menschheit bis heute zu erfinden wusste"*[53].

Mit dieser Begeisterung trat aber Nervi eigentlich aus dem Rational-Funk-
tionellen heraus, denn die rationalen Ingenieur-Berechnungen pflegten
schon durch Gliederungen (wie die Null-Moment Gelenke) die hyperstatischen Systeme determinierbar zu machen. Nervi verweigerte sich aber sol-

---

53 Wie nach wie vor gehabt – Desideri, S. 71.

chen Verfälschungen. Andersherum kehrte er doch in das Rationale zurück: er forderte die Baustellenerfahrung als einen Bestandteil der Architekturschöpfung. Über diese Forderung hinaus identifizierte er sich gern mit der Philosophie und mit Kulturtendenzen. Dabei befremdete ihn doch das Akademische und Offizielle. Durch all diese Komplexität ist es daher schwer, Nervi in bestimmte Zeitströmungen einzuordnen.

P. L. Nervi ist ein Bauingenieur, der in einer Reihe mit dem Schweizer Maillart und dem Franzosen Freyssinet als einer der hervorragendsten und nicht mehr übertroffenen Betonbautechniker steht. Bezeichnend in diesem Zusammenhang ist, dass er von 1946 bis 1961 Professor für Konstruktion an der Fakultät für Architektur in Rom gewesen ist. Offensichtlich wurde er am Bautechnischen Institut nicht akzeptiert, wegen der Eigenartigkeit seiner Denkweise, die seine Schöpfungen über den analytischen Ingenieurstechnizismus hinaustrug. Nervi steht neulich für das längst auseinandergebrochene Einheitswesen des Baumeisters, jener Einheit, welche sich schon im 18. Jahrhundert auflöste: entweder Architekt oder Ingenieur. Freilich konnte Nervi erst durch die rational-moderne Ideologie derart integral werden, persönlich schloss er sich aber der rationalistischen Bewegung Italiens nicht an. Andersherum wurden seine Werke von den Rationalisten schon früh als beispielhaft vereinnahmt und publiziert.

Pier Luigi Nervi
PALAZZO dello SPORT
PALAZETTO dello SPORT

Olympiade in Rom 1960

Bildsammlung des Autors

Nervi charakterisierte 1962 seinen Werdegang selbst[54] als eine *„fusionierte"* Wirkung von Architekt, Statiker und Bauingenieur. Er habe die seltene Chance gehabt, Planer zu werden, nach einer langen Periode der Mitarbeit und der Leitung bei Bauunternehmungen. Fast alle seine Planungen wurden unter seiner Leitung und eigener Verantwortung realisiert. Jedes Mal, wenn

54 Nervi, S. 4f.

er Gelegenheit hatte, selbst oder in Zusammenarbeit mit Architekten, wichtige Projekte zu studieren, bereicherte er seinen Erfahrungsschatz als Konstrukteur (Vorfertigung, Stahl, Beton, wiederverwendbare Schalungen) durch seine Suggestionen, die in sich auch architektonisch waren. In der Tat, Nervi ist ein Protagonist der modernen Architekturgeschichte und -theorie geworden. So führte er das historische Beispiel des Renaissance-Baumeisters Brunelleschi an, der die widrigen Umstände des Kuppelbaus in Florenz in einer perfekten Fusion von technischen Unvermeidbarkeiten mit dem *„Elan der ästhetischen Sensibilität"* bewältigte. Das sei die *„wunderbare Konkordanz"* in der Relation von Kreativität (Architektur), Festigkeitsanalytik (Statik) und technischer Ausführbarkeit (Ingenieurkunst): zu einer *„Einheit, die allein eine wahre Architektur hervorbringen kann"*.

Allerdings konnte Nervi noch nicht ahnen, dass sein Postulat über solch menschliche Seite in der Statik – die intuitive Überwindung des „statisch Undeterminierten" – bald von Computer abgelöst werde. Nämlich, dass die fasst unbegrenzte technische Rechenkapazität in der Lage sein wird, jedes Spannungsdetail in der gesamten Konstruktion zu berechnen: FEM – Finite-Elemente-Methode. Damit kann die aktuelle Architektur zu ungeahnten Gestaltungseskapaden gelangen, gar gegen die rationale Klarheit und bis zu „Konstruktionsakrobatik" – Nervis Schmachwort – hin. Aber doch: Nervi verwendete die FEM ganz spontan-intuitiv bereits bei seiner Planung der genannten Wendeltreppen im Stadion von Florenz.

Gestaltungselemente[55]: Nervi sublimierte damals seine Ansichten in der Meinung, dass im Gegensatz zur „statischen Akrobatik", die grundlegende architektonische Qualität in der Lesbarkeit des statischen Konzepts „auf den ersten Blick" liegt. Dies führe zur Stabilisierung der Formen – so wie die Aerodynamik auf die Festlegung von vollkommenen Flugzeugformen einwirkte – und damit „Stilbildend" geworden ist. Die sauberen Konstruktionen und der, nunmehr, häufig verwendete Ferrozement führten so auch zum oft erkennbaren „Nervi-Stil", womit die Augen der Welt für eine neue Art des architektonischen Innenraums geöffnet wurden. So ist die riesige Ausstellungshalle B in Turin mit Ferrozement-Bögen überdacht, welche zu

55 Systematisierungen gemäß P. L. Nervi jr.

je dreien mit einem gespreizten Betonfaltwerk abgefangen und jeweils in die aus massivem Stahlbeton ausgeführte Galeriekonstruktion abgeleitet sind. Dieser Halle ist noch eine Apsis mit Halbkuppelbedeckung angegliedert, wo ebenfalls eigenartig hergestellte, sich schräg kreuzende „Nervaturen" aus Ortsbeton ein Gerüst bilden, das mit vorgefertigten Betonplatten bedeckt und dann zusammenbetoniert wurde.

Massivbeton: Nervi verwendete diese gewöhnliche Art des bewährten Betons grundsätzlich zum Abfangen von horizontalen Schüben, bzw. zur Ableitung der Gravitationskräfte in die Fundamente, oder dort, wo es sich nicht um große Spannweiten aus Leichtelementen handelte. Dies kam vorwiegend bei mehrgeschossigen Häusern vor: das Pirelli-Haus wurde hier bereits erwähnt. Eher gewöhnlich ist wiederum der UNESCO-Palast, erbaut von 1953-1958 in Paris: ein siebengeschossiger Verwaltungsbau in ausgesteiftem Skelett, wo das freigehaltene Erdgeschoss aber eindeutig die Konzentration der Kräfte in die massiven Pylone zeigt.

Faltwerke: Nervi hat Faltwerke als selbsttragende Konstruktion selten angewendet. Als Übergang von Ferrozement zu Massivzement wurde es hier im Fall der Turiner Ausstellungshalle erwähnt. Als eigenständige Konstruktion steht ein großes Faltwerk über dem Konferenzsaal des genannten UNESCO-Zentrums in Paris, wo die Gesamtform dieser Konstruktion, nebst akustischer Grundform, streng nach der Plus-Minus-Momentbelastung ausgeführt ist.

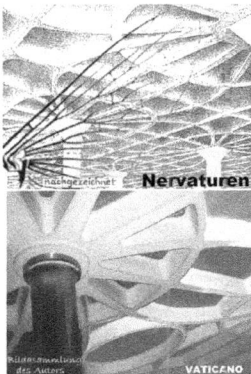

Nervaturen: Eine Art Rippensystem, aber nicht schematisch, sondern so, dass sie die natürlichen Richtungsspannungen, Druck oder Zug – die Scherspannungen meidend –, „isostatisch" verfolgen. Die Apsis in Turin ist bereits erwähnt. Auch am kleinen Palazzetto dello Sport, 1956/57 zur Olympiade in Rom erbaut, bilden die Nervaturen die Kuppelgerippe aus, die die vorgefertigten Abdeckplatten tragen. Nervaturen tragen die schrägen Galerien des großen Sportpalastes, sowie die Vestibüldecke des Audienz-Saals im Vatikan.

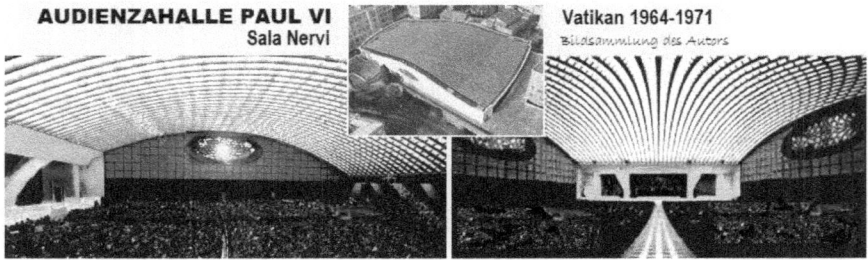

Ferrozement ist die eigentliche Signatur Nervis. An sich ist auch dies ein Faltwerk, aber als vorgefertigtes Typenprodukt, das in sich flächenaktiv wirkt, jedoch nur als Element einer Makrokonstruktion. Der Höhepunkt des Einsatzes für dieses System war 1958/59 der Bau des großen Palazzo dello Sport für die 17. Olympiade in Rom. Und zuletzt, schon äußerst gediegen, die Überdachung des repräsentativen Audienzsaales im Vatikan, erbaut 1966-1971.

Italiens Stolz

Nervi war im Grunde ein Phänomen des Italienischen Wirtschaftswunders der beiden Nachkriegsjahrzehnte. Seine Werke sind die Denkmäler jener Zeit, des humanen Kapitalismus. Dieses Zeitalter ist letztlich an Nervis Werken ablesbar, daher rührt sein damaliger Ruhm und die bis heute anhaltende Bewunderung. Die Einordnung in jenes Zeitalter – gemeinsam mit seiner Aufforderung „*costruire correttamente*" bei Berufung auf die kühne Korrektheit von gotischen Konstruktionen – ließen ihn allmählich auch als eine mythische Gestalt erscheinen. Eine Gestalt, der selbst die Krise der Moderne nichts anhaben konnte, Nervi war ja schon während seiner besten Schaffenszeit von der orthodoxen Moderne losgelöst gewesen. Es liegt eigentlich nicht an ihm, und das beweisen gerade seine ungebauten späten Projekte, dass er in zunehmenden Krisenzeiten – Schwerpunkt 1968 – kaum mehr wirken konnte. Aber seine Werke wurden nicht mehr übertroffen, als wäre die Technik des Stahlbetons mit Nervi ausgereizt, so wie die Steinbautechnik in der gotischen Architektur ausgereizt gewesen ist.

Mediterraner Volkspurismus

„Purismus", eine Avantgarde-Kunstrichtung, kommt von „Pur" = sauber, weglassend, gar ehrlich. Der „Papst" der modernen Architektur Le Corbusier bekannte sich dazu, er malte so auch, in dem er die Darstellung von Gegenständen auf das noch erkennbar Wesentliche reduzierte. Berühmt wurde er unter seinem Künstlernamen – anstelle des umständlichen Geburtsnamens Charles Éduard Jeannerret-Gris (1887-1965). Als junger Student unternahm er eine Bildungstour auf dem Balkan, über Serbien, Rumänien, Bulgarien, besonders Istanbul und noch weiter nach Griechenland. Seine Beobachtungen und Skizzen sind postum 1966 veröffentlicht worden: „Voyage d'Orient", wo er sich u.a. auch der noch ursprünglich vorhandenen Volksarchitektur widmete. Das allerdings im Rahmen des um die Jahrhundertwende ohnehin schon allgemein vorhandenen Interesses für die ehrlich-einfache Ursprünglichkeit der Volkskultur. Diese bildhaften Reiseerfahrungen sollen nebst sonstigen Kulturgärungen der Jahrhundertwende richtungsweisend gewesen sein für Le Corbusiers entscheidendes Wirken zu Moderne hin.

Dass Le Corbusiers CIAM-Aktionen stark Mediterran-orientiert waren, ist hier schon erwähnt. Das hängt wohl auch mit der stillen Sehnsucht nach den „mare nostrum"-Traditionen zusammen, welche im totalitär gewordenen Italien offiziell zynisch und überheblich vereinnahmt wurden. Parallel haben wir jedoch einen Hinweis auf den Schriftsteller Savinio gegeben, zu seiner Beschreibung *„Capri"*, dessen Gedankengang auf einem an sich schon althergebrachten Topos dieser mythisch-archaischen Insel ruhte: *„Von den steilen Hängen schweift der Blick über die Brüstung einer Terrasse, überdacht mit einer von weißgetünchten Säulen unterstützten leichten Pergola, hinaus auf den See zum toten Pompeji hin".* Die Erzählung widmete sich auf doch sehnsüchtige Art dem eher einfach-edlen und als mediterran gefühlten Wohnen in Landhäusern. Eine Kultur, die aus dreitausend Jahre alter Tradition hervortaucht.

Nun, mittig in diesem Mediterranraum, in Südapulien, befindet sich eine ganze Kleinstadt mit der wohl archaischsten Bauweise des Mediterrans – unter UNESCO-Schutz: Alberobello mit zehntausend Einwohnern. Ihre Trullo genannten kegelartig bedeckten Wohnstätten stammen von der Bauart der Feldhütten aus der Umgebung ab, dessen Ursprung in die neblige Vergangenheit zurückreicht. Auch der bekannteste Monumentalbau dieser Art, genannt *Schatzkammer* oder *Grab von Atreos*, bei Mykene drüben in Griechenland, ist bereits mehr als 3000 Jahre alt, und in der gleichen Bauart: Pseudogewölbe auf vornehmlich rundem Grundriss, nur aus übereinander vorgelassenen flachen Steinen aufgeschichtet.

"Atreus Grab" Mykene ***

TRULLI Alberobello

Bildsammlung des Autors

Giò Ponti: **VLLA DONEGANI** Bordighera 1940

Die technisch schon eher entwickelte Bauart mit Balken und Flachdach über dem rechteckigen Grundriss kommt eindeutig von der Balearen-Insel Ibiza bis Mykonos in den Kykladen und auch in Nordafrika vor. Diese Bauart entspricht bereits völlig dem puristischen Reduktionsideal der Moderne. Hier haben wir das schon angedeutet, anlässlich des Novocomum-Skandals, und zur Erinnerung nochmals das damalige Zitat: „*Südländisch und mediterran; man möchte sagen, eine freundliche, ruhige Architektur, eine horizontale Entspannung der Linien vor dem horizontalen Azurblau des Wassers. Eine sonnige Architektur, wie an der Küste von Amalfi und auf den Felsen von Capri.*

Als Beispiel für diese Auffassung zeigten wir sogleich eine Villa des uns schon bekannten Architekten Giò Ponti.

Freilich, all diese erst subtil angedeutete „Mediterraneità" verblieb noch im Schatten der ideologisch bevorzugten „Romanità"-Bombastik. Für den eher verallgemeinernden Mediterranbegriff setzte sich gesondert einer der „7" ein, Carlo Enrico Rava (1903-1985), und wurde anlässlich der Rationalisten-Ausstellung 1931 entsprechend angefeindet. Solche Einfachheit passte mit dem faschistischen Imperialismus kaum zusammen. So kam die poetisch-subtile Architektur Terragnis in Rom auch nicht an, obwohl diese Orientierung im architekturtheoretischen Unterbewusstsein immer existierte. Bis es 2015 mit einer Ausstellung der in Römischen Archiven verstaubten Projekte von Terragni endlich herausgekehrt wurde, und zwar[56]:

> „… *gegen alle faschistisch gewollten Traditionsforderungen, oder solchen persönlichen Willen, die Sprache des Razionalismo sei mit einem unbestimmt mediterranen Geist zu verbinden".*

Selbstverständlich ist so eine „mediterrane Architektur" keinesfalls einheitlich, bzw. weist auch keinen roten Faden vom etruskischen Atriumhaus bis zur oben gezeigten modernen Villa auf. Und zwar aufgrund kultureller, aber auch geographischer Unterschiede: Ibero-Spanien, Italien, die Griechen oder gar die Araber. Und doch haben alle etwas gemeinsam, das Meer trennte ja nicht und klimatisch ist es dort überall ähnlich mild, von gleißender Sonne beschienen, mit scharfen Schatten. Daher die Überdachungen, Veranden, Pergolen, Terrassen – offene Räume – und die hitzeabweisende weiße Farbe. Selbst das entstammt aber aus der Einfachheit – Kalk war ja da – und nach Bedarf wurde auch einfach gebaut. Nun, weil uns die Moderne interessiert, bleiben wir im Rahmen dessen, was damit in Zusammenhang zu stehen scheint.

---

56 In Domus 30.05.2015.

Die Kykladen - Mykonos

Die Inselwelt der Ägäis war das erste nachhaltige Kulturzentrum Europas, die sogenannte „Kykladenkultur" reicht in die Jungsteinzeit vor 7000 Jahren zurück. Belege dafür sind die häufig vorgefundenen Idol-Figurinen aus Marmor – irgendwelche Kultfiguren –, welche auch auf dem umliegenden Festland zu finden sind. Unterbrochen wurde die kulturelle Entwicklung womöglich von der Vulkankatastrophe um 1600 v. Chr. mittig in diesem Inselreich, aber schon in der reifen Bronzezeit mit der uns überlieferten Mythologie. Wie zum Beispiel aus der Ägäis: Der Mittelmeerraum nördlich von Kreta trägt den Namen des Athener Königs Aigeos. Er stürzte sich dort ins Meer, weil er irrtümlich glaubte, sein Sohn Theseus sei auf Kreta im Kampfe mit dem Minotaurus umgekommen. Eine andere Sage erzählt:

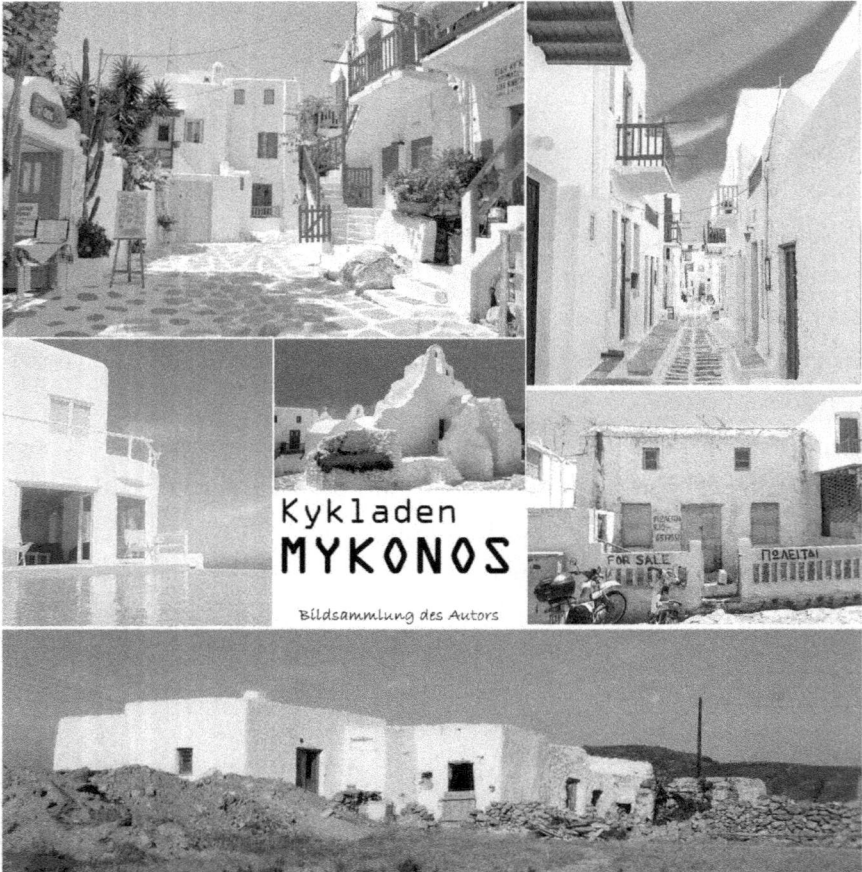

Kykladen
MYKONOS

Bildsammlung des Autors

Minos, König von Kreta, weigerte sich, dem Poseidon einen Stier zu opfern, so rächte sich der harpunenfuchtelnde Gott: er ließ die Königin sich in ebendiesen Stier verlieben, woraufhin sie den Minotaurus gebar; ein Ungeheuer mit Stierkopf. Der angewiderte Minos versteckte ihn in einem Labyrinth und fütterte ihn dort mit Blutzoll – mit Jünglingen aus dem unterworfenen Athen, bis Theseus das Ungeheuer doch tötete. Moderne Deutungen dieser Sage sehen darin eine ausgedehnte Macht Kretas, und zwar über das Inselreich der Kykladen hinaus.

Und so weiter: Mykene beherrschte dann die vulkanzerstörte Ägäis und es folgte der Krieg von Troia. Dann irgendein Überfall schon mit Eisenwaffen, es folgten dunkle Jahrhunderte ohne Überlieferung. Nun schälte sich die blendende Antike heraus – mit einem bedeutenden Kulturzentrum auf der kleinen Kikladeninsel Delos. Es folgten Rom, Byzanz und der sich hinziehende Zerfall einhergehend mit Piraterie, die große Sorgen bereitete. Die Inselbewohner zogen sich in dichten Siedlungen mit eng verwinkelten Gassen und zweckmäßigen Behausungen zusammen. Venedig rodete alle Bewaldungen, weil es Pfähle für seine Sumpfbauten daheim brauchte – bis die Osmanen kamen. Der Befreiungskrieg um 1830 forderte große Opfer. Dann aber nahm der Reederei-Handel zu, gewisser Wohlstand kehrte ein und damit teilweise die Verbürgerlichung.Nebst den ersten herbeiirrenden Touristen. Darunter der angehende Stararchitekt Adolf Loos, auf Hochzeitsreise 1902 von Wien über Dalmatien in die Türkei unterwegs. Es heißt, ihn faszinierte die minimalistisch zweckmäßige Bauweise dieser Inseln[57], rein kubisch, ohne jede Verzierung und nur blendend weiß. Es war fast allgemeine Pflicht jeder Hausfrau gewesen, den Kalkanstrich frühjährlich nach der Scirocco-Regensaison zu erneuern. Es heißt weiter, dass Loos danach schon Studien-Exkursionen zu den Kykladen organisierte. 1908 ist seine Abhandlung über das „Ornament als Verbrechen" veröffentlicht worden.

Nun ist das entlegene Inselreich in der Zwischenkriegszeit doch touristisch entdeckt worden. Zumal Mykonos den Vorteil hat, in unmittelbarer Nähe zum antik-sehenswürdigen Delos zu liegen. Aber auch wegen des eigenen architektonisch besonders konsequenten Purismus. Heute ist der Touris-

---

57 Prepelits, S. 164ff.

mus Hauptwirtschaftszweig der Gemeinde, gestützt eben auf die sagenhafte örtliche Atmosphäre. Wer dort jetzt bauen will – Wohnhaus, Luxusvilla, Hotel oder sonst was –, erhält die Baugenehmigung nur für ein puristischen Projekt.

Die Balearen – Ibiza

Zu der Inselgruppe im wilden Westen gelangte nicht einmal der Troia-Held Odysseus während seiner Irrfahrten über das westliche Mittelmeer. Allerdings segelten dort vor wohl knapp 3000 Jahren schon die levantinischen Phönizier vorbei, und zwar ausgehend von ihrer punischen Basis in Tunesien, und 654 v. Chr. gründeten sie dort auch eine Handelskolonie namens Ibes-Ibiza. Hier konnten sie bei den Ureinwohnern eine besondere Fertigkeit kennen lernen: das zielgenaue Steinschleudern. Militärisch haben sie das gar in ihren Konkurrenzkriegen mit Rom eingesetzt, wodurch auch die Römer auf den Geschmack kamen. Nach Eroberung der Balearen 202 v. Chr. engagierten sie nun balearische Schleuderer als geschichtlich erste Söldner bei ihren Legionen. So bis zu Völkerwanderung und den maurischen Eroberungen 711. Die aragonische Reconquista erfolgte 1235 und seitdem sind die Balearen spanisch-katalanisch geprägt. Man vermutet, dass jene Steinschleuderei schon seit der Urzeit mit Viehzucht zusammenhing: zum lenken bzw. zur Verteidigung der Herde. Aufgrund der Gegebenheiten war die Landwirtschaft hier bedeutend gewesen, nebst Salzgewinnung auf Ibiza und einigen Hafensiedlungen. Ansonsten lebte man im fruchtbaren Hinterland, an den felsig-sandigen Küsten wuchs ja nichts.

Heute ist eben diese Küste durch die Touristik der Wirtschaftsschwerpunkt geworden. Der Anfang ist gar kulturprominent: die Pariser Literatin George Sand verbrachte auf Mallorca – noch unter touristisch widrigen Umständen – den Winter 1838/39 zusammen mit dem Musiker Frederic Chopin. Die ersten Welttouristen, die Engländer, kamen nur allmählich an, ein erstes Hotel wurde 1903 in Palma eröffnet. Der Massentourismus ist dann um 1960 initiiert worden, vornehmlich auf Mallorca, mit aneinandergereihten Bettenburgen und Strandspelunken, hauptsächlich für deutsche Billigtouristen, gar mit einer „Ballermann" genannten Misskultur. Neuerdings führen die örtlichen Behörden Maßnahmen zur Beschränkung des touristischen Massenzuflusses ein, während sich die Prominenz mit ihren Luxusvillen doch in das Hinterland zurückzieht.

Das etwas entlegene Ibiza war von solcher Invasion weniger bedroht, mit seiner bergigen Landschaft und ohne ausgedehnte Strände – und ist daher eher intim und eigenartig traditionell, ebenfalls mit weiß-puristischer Volksarchitektur. Vielleicht auch ganz ursprünglich. Man weist dabei zwar auf mögliche arabische Hinterlassenschaft hin, aber ohne solche Beispiele in Andalusien zu finden, wo die Araber sich noch ein Jahrhundert länger halten konnten. Zumal die Araber nie auf Mykonos waren. Ein dazu vorliegendes Buch[58] geht von einer archaischen Geschichtslosigkeit des ibizenkischen Hauses aus und führt dessen Entwicklung mit folgender Evolutionstheorie aus:

I. Nur ein kleiner Raum mit vier Wänden, rechteckig mit Holzbalken bedeckt. Es ist als separates Objekt auf abgelegenen Ackern noch heute vorzufinden,

II. Bei Bedarf Erweiterung um einen weiteren Raum.

III. Nochmals wesentliche Erweiterung mit Wohnküche in L-Form, wodurch sich auch ein abgegrenzter Wirtschaftshof ergibt, der Patio.

IV. Der Patio wird ummauert und an das Innere angeschlossen – er wird Aufenthaltsraum.

V. Ein weiterer Vorbau wird errichtet, mit offenem überdachtem Arbeitsraum und gesondertem Abstellraum.

VI. Zusätzliche Anbauten gemäß den weiterentwickelten Bedürfnissen.

Geschlossene Agglomerationen sind auf Ibiza gewiss eine spätere Entwicklung, bedingt durch die Arbeitsteilung. Typisch sind aber noch immer die zerstreuten Familiensitze geblieben, jeweils dort gebaut, wo es das landwirtschaftliche Interesse verlangte. Der Typ IV konnte schon als eine ausgesprochene „Finca" gelten: Ein entwickelter Wohnsitz mit eigener wirt-

---

58 Joachim u.a. S. 68f.

schaftlich erforderlicher Umgebung. Und zwar völlig autark; alles Notwendige wurde selbst produziert und mit Material aus der erreichbaren Umgebung selbst hergestellt. Daher eben die beeindruckend einfache Bauweise, doch massiv in ihrer Erscheinung und in sich verschlossen – gegebenenfalls auch verteidigungsfähig gegen die stets vorhandene Piratengefahr. Alles ist lebensnotwendig funktionell, gemäß überlieferten Erfahrungen nachhaltig, klimatisch angepasst, technisch reif und zwar bis ins Detail, auch hinsichtlich der im modernen Sinne heiklen Frage der Wasserundurchlässigkeit von Flachdächern.

KONSTRUKTION DES FLACHDACHS ; Ibiza

EIVISSA
IBIZA

Die moderne spanische Architekturzeitschrift „A.C." deutete an, dass die europäische Moderne erst durch die neue technische Entwicklung zu solcher Essenz wie die ibizenkische Volksarchitektur gelangen konnte. Die Moderne in Spanien – vornehmlich um Barcelona herum – erwachte erst zur Zeit der modernen Blüte um 1930, als sie sich organisierte und auch dem CIAM anschloss[59]. Mit Berufung auf den ibizenkisch spontanen Puris-

59 Gili, S. 22.

mus rechtfertigte sie sich eigentlich selbst, bereits unter bürgerkriegerischen Zuständen. Die A.C. erlosch mit dem Heft 25 beim Einmarsch Francos in Barcelona – und auch Spaniens Moderne erlosch da für Jahrzehnte.

Golf von Neapel

Die Gründungsgeschichte von Neapel: Odysseus kam einmal hier vorbei, in Richtung der Felseninseln bei Positano, wo Sirenen die Seefahrer mit Gesängen zu sich lockten, sie dann dort zerschellen und umkommen ließen. Odysseus stopfte nun die Ohren seiner Leute zu und ließ sich selbst an den Mast binden, um die Gesänge doch hören zu können. So übertölpelt, stürzten sich die Sirenen ins Meer zu Tode. Unter Ihnen wurde Parthenope, die schönste, zu heutiger Stadt hingeschwemmt, dort bestattet und bald vergöttert. Griechische Kolonisten nahmen dies zum Anlass, hier eine neue Stadt zu Ehren dieser Schönen zu

Bildsamlung des Autors
SIRENE PARTHENOPE Napoli XVI

gründen. Neapolis blieb auch im Imperium Romanum sehr vornehm-griechisch, zumal auch Kaiser Tiberius seinen Gefallen an der Insel Capri fand. Der Vesuv, das Wahrzeichen der Bucht, begrub nicht nur Pompeji, sondern auch Herkulanum nahe bei Neapel. Als dann Rom zugrunde ging, gab es

Bildsammlung des Autors
Napoli vecchio

71

viel Ärger mit den Mauren aus Sizilien, auch mit ihrem Piratennest auf Ischia. Und es gab stets abwechselnde fremde Herrschaften durch das gesamte Mittelalter bis zum Risorgimento. Als Neapel endlich zu Italien gehörte, gab es da nichts als malerische Armut – touristisch bestaunt – und so weiter...

Wir versuchen hier, jene Vorbilder zu rekonstruieren, die die jungen Architekten des „Gruppo 7" in den frühen 1930er Jahren veranlassten, mit einer Ideologie der „Mediterraneità" nationalistisch-modernen Anschluss an die mitteleuropäische Moderne herzustellen, und zwar mit dem Hinweis auf die urtümlich-pure Formspontanität, die im Norden erst mit der modernen Technik erreichbar geworden ist. Mit diesen Charakteristiken: *„Architektur von weißem Glanz, einfach, äußerlich verschlossen, voluminös reich und arm an Dekor"*[60]. Solche ältere Darstellungen bieten uns zahlreiche Gemälde der sogenannten „Posillipo-Schule" an, einer aus der Romantik zum „Verismo" tendierenden, streng „plein air" schaffenden Künstlergruppe der 1820er bis 1850/60er Jahre. Diese Bilder gelten als authentische Landschaftsdokumentation jener Zeit, geschaffen zum Verkauf an die bereits ankommenden Touristen, auch in der Umgebung von Neapel, weshalb jene Bilder handlich kleinformatig sind.

Ischia ist eine küstennahe Insel, mit weit nach Süden ausgelagerten Etrusker-Siedlungen, und wohl der eigentliche Anlass zur griechischen Gründung Neapels – als Rom noch unbekannt war. Und zwar zur Pflege der gewachsenen Wirtschafts- und Kulturbeziehungen der beiden Völker.

Bildsammlung des Autors   Jschia

---

60 Simonetto: Mediterranea, Architettura Wictitecnica.com/storia 23.10.2011.

Der steile Küstenzug von Amalfi liegt gleich südlich des Golfs von Neapel, mit einer vorgelagerten Inselgruppe – jene mythologisch berüchtigten Sirenenfelsen. Mitten in der unzugänglichen Felsküste entstand die Stadt im Frühmittelalter planerisch aus einem Fischerdorf und erlangte Bedeutung durch Seehandel. Zerstreute Fischerdörfer zeigten ungestört jene weiße „Glanzarchitektur" inmitten der wild-malerischen Landschaft, die der mediterranen Begeisterung der rationalistischen Architekten dienlich war. Allesamt entwickelten sich diese Ortschaften erst spät, als sie baugewaltig mit einer Straße durch das zerklüftete Land erschlossen wurden. So ist es allmählich vornehm geworden, hier im „Stile" der weißen Volksarchitektur zu bauen. Der Tourismus lebt hier von diesen Eigenartigkeiten – auch die Sirenenromantik nicht vergessend.

Capri, die Touristikinsel par excellence, vereinnahmte die Sirenen wohl erst zur Barockzeit, allerdings nicht die bedrohliche, vogelbeinige griechische Überlieferung, sondern eine niedlichere, erst seit dem Mittelalter verbreitete

 schöne Meerejungfrau-Nixe, mit fischartigem Unterkörper. Die erste touristisch relevante Beschreibung der Insel stammt aus dem Jahr 1632 von J. J. Bouchard, einem französischen Reisenden. Er berichtete, dass die Inselhäuser klein, erdgeschossig und oben stets abgerundet waren. Die Wände verputzt mit Puzzolan[61] – anders gesagt mit wasserdichtem Zementmörtel. Jene „Abrundungen" sind ortsübliche Gewölbe oder Kuppel, statt Flachdach, somit eine andere Geometrie. Und zwar war die technisch echte Bogenkonstruktion eine etruskische Erfindung gewesen, weiterentwickelt von den Römern, auch hin zur Kuppelform. Wobei der Übergang vom rechteckigen Grundriss zur Rundkuppel

---

61 Vacca, S. 27.

eine besondere technische Herausforderung war. Die wirtschaftlich relevante Touristikentwicklung von Capri nahm ihren Anfang bald nach den Napoleonischen Kriegen, und zwar nachhaltig dank einer zahlungskräftigen Elite.

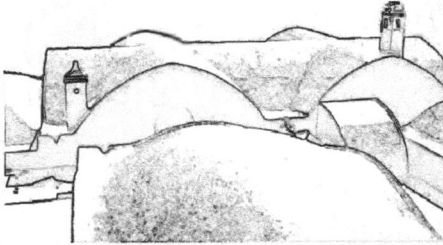

CAPRI

**Gewölbe
und
Kuppel**

Bildsammlung
des Autors

Der weiße Traum

Unlängst erschien ein Buch mit dem Titel *Cultura mediterranea dell'abbitare* (Mediterrane Wohnkultur), das zum Schluss[62] jene Entwicklung verfolgt, welche die zeitgemäße Erkenntnis des spontan-ursprünglichen (vernakularen) Architekturnachlasses als Nachhaltig bewusst machte. Dafür werden, einführend in dem Buch, diese Kulturerscheinungen des gesamten Mediterrans einzeln besprochen, um dann wieder zusammenfassend zum Begriff des mediterranen Mythos zu kommen. Hier zur Erinnerung: wir haben auch schon eine Definition zu diesen Begriff gefunden: Die Freiheit vor der autoritären Klassik – vor deren totalitären Aneignung – frei, allein frei in einer stillen Sehnsucht. Und zwar nicht nur in Italien, wo aber der Charakter dieser Sehnsucht schon schlüssig wurde: *„Sprechende Geometrie, eine Architektur, die von ihren Mauern das Leben erstrahlen lässt, ein Gesang.* Das oben genannte Buch stellt dazu noch die Frage: Was ist überhaupt Mediterran? Die Antwort: *„Mille cose insieme"*, etwa tausend Dinge zusammen. Das alles reduziert sich aber doch auf nur drei Dinge: Okzident bzw. Rom, Orient bzw. Babylon-Islam und Hellas als der eigentliche Kern. Und letztlich alles miteinander im intermedialen Raum des Mediterrans. Zum Beispiel: Die Internationale Moderne reduziert sich auf Le Corbusiers „Reise in den Orient". Aber schon 1931 kam der Aufruf des schon erwähnten Rationalisten Enrico Rava, dass man sich hier in Italien von den erfundenen Dogmen des Bauhauses und Le Corbusers befreien soll, zwecks eigenständig freier Gestal-

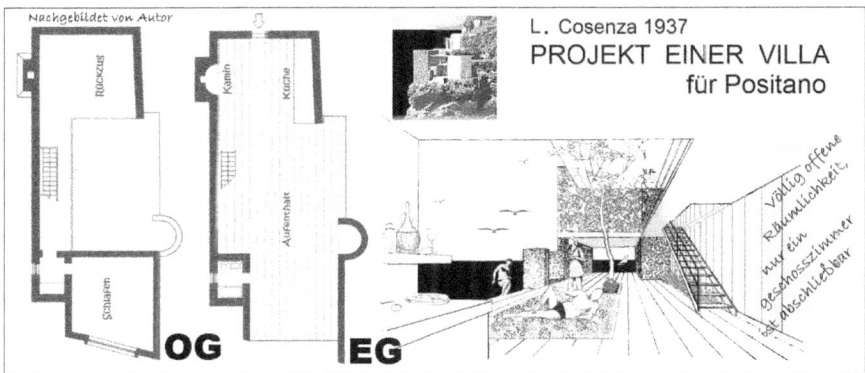

Nachgebildet von Autor

RÜCKZUG · Kamin · Küche · Außenhalt · Schlafen

OG   **EG**

L. Cosenza 1937
PROJEKT EINER VILLA
für Positano

völlig offene Räumlichkeit, nur ein Geschosszimmer ist abschließbar

---

62 Picone, S. 224-229.

tung[63] – damals nur im Sinne der Mediterraneità, doch als weltweite Bestätigung solcher Auffassung wird ein Vierteljahrhundert später die „Postmoderne" erkennbar sein.

Etwas vereinfacht verfolgten wir diesen italo-faschistischen Faden, und so schauen wir jetzt kurz die Wohnarchitektur jener Zwischenkriegszeit mit einigen Beispielen an, und zwar im Rahmen der ästhetisch bewusst gewordenen Elite, die sich ihre Villen nunmehr als weiß schimmerndes Spiel von schlichten Volumen erträumte. Und zwar vorbei an der Form-Nachahmung, die heute auf Mykonos und auch an anderen Orten ausgeübt wird, besonders um Neapel. Erwähnt haben wir das spanische Beispiel: Ibiza als Rechtfertigung des modernen Minimalismus. Giò Pontis entsprechend konsequente Villa wurde hier auch schon gezeigt. Nun seien noch einige Beispiele genannt, vornehmlich des Neapolitaners Luigi Cosenza, mit seinem Spiel von raffiniert kubistisch einander durchdringenden oder offenen Räumlichkeiten. Auf die damalige Verwunderung eines seines Klienten entgegnete er: Man baut Räume und nicht bloß Mauern.

Aber schon vorausgehend, repräsentativ für den sehnsüchtig mediterranen weißen Traum, stand eine Mustervilla: die „Villa-Studio"; erbaut 1933 für einen imaginären Künstler, und zwar zur V. Triennale in Mailand, aber nach drei Monaten wieder abgetragen. Die Architekten waren zwei Mitglieder der legendären „Gruppo 7": Figini und Pollini, nachdem sie eine ebensolche Präsentation bereits zu IV. Triennale errichtet hatten. Jene 1930er „Casa Elettrica" war aber eher noch konstruktivistisch behandelt, während sich die genannte Villa schon der aktuell gewordenen Mediterraneità-Diskussion an-passte[64]: zu einem ganz *„neuen Wohngeschmack"*: weiße

VILLA-STUDIO
für einen Künstler
Luigi Figini & Gino Pollini

Nachgebildet von Autor

Küche · Essen · Schlafbereich · Hof · Service · Galerie · Patio · Garten · Atelier · Eintritt · Aufenthalt · Studio

Demonstrationsobjekt anlässlich der V. Triennale Milano 1933, mit Atelier und Galeriepanelen im Wohnbereich.

---

63 Gambardella S. 67.
64 Ebd. S. 96.

Voluminösität, auch mal gekurvt, eine nur abstrakt vernakulare Wiederholung, aber ohne zu kopieren, angelehnt allerdings an Le Corbusier – Durchlauffenster – jedoch alles in sich geschlossen und doch verglast zu einem inneren Patio hin.

Als Höhepunkt dieser Auffassungen entstand 1937 dann die „Villa Oro" (heute im Detail umgebaut) zu Neapel, benannt nach dem Bauherrn Augusto Oro, einem Professor der Chirurgie. Architekt war jener Luigi Cosenza (1905-84). Der wird zwar immer gemeinsam mit dem Wiener Bernard Rudofsky genannt, aber die architektonische Struktur stammte völlig von diesem ganz in Neapel verwurzelten Ingenieur.

Luigi Cosenza
Bernard Rudofsky **VILLA ORO** Napoli Posillipo 1934-37 Überarbeitung des Autors

Er war nämlich kein diplomierter Architekt, seine Bauten sind wohl auch daher radikal rationell. Und zwar zu einer Zeit, als sich die aktionistisch-euphorische faschistische Architektur schon dem Romanità-Monumentalismus widmete, ging der Mediterraneità-Rationalismus den ganz eigenen Weg. Die Eigenart des Mediterrans ist, so meinte Cosenza[65], dass er ein beruhigend undramatisches Gefühl verbreitet. Übrigens, die panoramisch langgezogene Statur der Villa Oro ist dem engen Grundstück geschuldet gewesen. Im Souterrain aus Naturstein, als teilweise sehr hoher Unterbau, gab es eine Bar und die Hausmeisterwohnung, dann im bereits weiß schimmernden Erdgeschoss den Wohnbereich und im Obergeschoss den Schlafbereich – alles mit großzügigen Panorama-Terrassen.

Und zuletzt die ganz ausgefallene – nicht einmal weiße, sondern rote – zu den Meisterwerken der Moderne zählende, aber in keine Schublade passende Privatvilla des Literaten Curzio Malaparte, eine der Hauptattraktionen von Capri, einsam auf dem hinausragenden Fels Punta Masullo gelegen und schon vielfach monographisch beweihräuchert[66]. Man darf das hier ganz kurz fassen: Dieses Objekt wird dem zur Romanità abgedrifteten „Gruppo

---

65 Ebd. S. 72.
66 Ebd. S. 109-112.

7"-Mitglied Libera zugeschrieben, gegen 1940. Der Bauherr aber schrieb es sich selber zu: *„Casa come me"* – Ein Haus wie er selbst, der Schriftsteller – so traurig, hart und streng. Tatsächlich aber handelt es sich um ein funktionales Durcheinander und eine sich in Folge dessen ergebende verblüffende Form. Allerdings landschaftlich bezaubernd – was so nur von einem intellektuellen Laien hervorgebracht werden konnte.

VILLA MALAPARTE · Capri 1938-40

Und so, dem mediterranen Mythos folgend, geht es vorerst weiter nach Frankreich, dort wirkte, wie schon erwähnt. Le Corbusier. Eine auch gut beginnende Bewegung in Barcelona um die Zeitschrift A.C. – mit dem Blick auf Vernakular-Ibiza – erstickte bald der Bürgerkrieg. In Griechenland, erst ziemlich spät in den 30er Jahren, begann sich der Architekt Ioannis Despotopoulos bemerkbar zu machen, er war jedoch dem Bauhaus zugeneigt. Ebenso spät trat in Ägypten der Architekt Hassan Fathy hervor, er arbeitete aber für arme Leute mit Trockenziegeln. Alles versank dann wieder im Weltkrieg. Gio Pontis „Domus" Nr. 184/1943 brachte damals die Skizze eines Architekten für sein eigenes Traumhaus hervor – nur noch ganz bescheiden.

Dann der chaotische Wiederaufbau, sozial, wie ein jeder es für sich machen kann, oder staatlich-politisch bzw. rein kommerziell, am günstigsten die Wohnkasernen. Das ist der Trend geworden und da schaltete gar Le Corbusier um, er änderte seine Stilistik und entwarf schon 1948 eine ganz große Wohneinheit in Marseille – im grauen Sichtbeton. Sein Mitarbeiter Georges Candilis ging aber nach Marokko, baute dort in den frühen 50er Jahren wieder einmal schlicht weiß. Nicht theortisch-international, sondern gemäß dem Lebensbedarf und den Gewohnheiten der Araber. Und ein paar Jahre danach fliegen schon die Fetzen auf dem CIAM in Dubrovnik. Candilis und

die junge Architektengarde setzen sich durch – und dazu kam noch der Ve-
lasca-Skandal in Mailand! Alles Ausgeträumt? Nein, nur weiter hinaus, aus
dem Mediterran in die Welt: andere regionale Auffassungen gewannen an
Boden und bereicherten in der Folge die moderne Architektur, so in Finn-
land, Japan, Brasilien, Mexiko – und, und …

Verwendete Literatur

- Argan, Giulio Carlo: Die Kunst des 20. Jahrhunderts, 1880-1940. In: Kurt Bittel u.a. (Hrsg): Propyläen Kunstgeschichte Bd. 12. Berlin 1990.

- L'Architecture d'Aujourd'hui (AA), Paris: Jahrgänge 1958-1962.

- Besio, Armando: La Rivoluzione di Terragni. In: La Repubblica.it – Archivio, 17. 04. 2004.

- Burg, Annergret: Novecento Milanese. I novecentisti e il rinnovamento dall'architettura a Milano fra il 1920 e il 1940. Milano 1991.

- Creghton, Thomas: Critique de l'Architeture contemporaine. Übernommen aus „Progressive Architecture" (Aug. 1960). In: AA Nr. 91-92/1960.

- De Felice, Renzo: Mussolini (6 Bände). Torino 1966-76.

- Desideri, Paolo – Pier Luigi Nervi jun. – Giuseppe Positano: Pier Luigi Nervi. Bologna 1960.

- Domus, Milano: Jahre 1943 u. 2015.

- Edificio ad appartamenti della società Novocomum. In: Rassegna. Vierteljahreszeitschrift, Sept. 1982.

- Estermann-Juhler, Margit: Faschistische Staatsbaukunst. Zur ideologischen Funktion der öffentlichen Architektur im faschistischen Italien (Dissertation). Köln-Wien 1982.

- Figini Luigi: Una casa. Übernommen aus der Zeitschrift „Natura", Januar 1930. In: Rassegna, wie oben.

- Fonatti, Franco: Giuseppe Terragni. Poet des Razonalismo. Wien 1987.

- Gambardella, Cherubino: Il sogno bianco. Architettura e il „mito mediterraneo" nell'Italia degli anni 30. Neapel 1989. Auch: La Casa del Mediterraneo. Napoli tra memoria e progetto. Rom 1989.

- Garofalo, Francesco – Luca Veresani: Adalberto Libera. Bologna 1989.

- Gili, Gustavo (Hrsg): AC/AGATEPAC 1931-1937. Kommentierter Sammelband der Zeitschrift „Documentos de Actividad Contemporanea" (A.C.). Barcelona 1975.

- Huxtable, Ada Louise: Pier Luigi Nervi. Ravensburg 1960.

- Irace, Fluvio: Gio Ponti. La casa al'italiana. Mailand 1968.

- Joachim, Fernand – Phelipe Rothier mit Illustrationen von Valeri Gevers: Ibiza le palais et les techniques. Essai les formes et les techniques. L'habitat archaique. Brüssel 1984.

- Kindlers Literatur Lexikon. 25 Bände. Zürich 1974.

- Lampugnani, Vittorio Magnano (Hrsg): Antonio Sant'Elia. Gezeichnete Architektur. Ausstellungskatalog des Deutschen Architekturmuseums in Frankfurt/M. München 1902.

- Lupano Mario: Marcello Piacentini. Roma-Bari 1991.

- Mussolini, Benito: Il Manuale delle Guardie Nere. Palermo 1993.

- Nervi, Pier Luigi: Relations entre architectes, ingènieurs et constructeurs. In: AA Nr. 93/1962.

- Pacetti, Pamela: Le aviorimesse di Pier Luigi Nervi ad Orvieto, Caprarola 2008.

- Petersen, J: Neuer Wind aus dem Süden. In: Der Spiegel Nr. 19/1994, Hamburg.

- Pfamatter, Ueli: Moderne und Macht. „Razionalismo". Italienische Architekten 1927-1942. Braunschweig-Wiesbaden 1990.

- Picone, Adelina (Hrsg): Cultura mediterranea dell'abbitare. Neapel 2016.

- Plepelits, Karl: Hellas mit und ohne Säulen. Unterwegs in Griechenland. Hohen Neuendorf bei Berlin 2017.

- Ray, Stefano (presentazione): Nervi oggi. Rom 1983.

- Riccardi, Mario: Italienische Literatur und Gesellschaft von 1914 bis zur Gegenwart. In: Propyläen Geschichte der Literatur. Literatur und Gesellschaft der Westlichen Welt. VI. Band. Die Moderne Welt 1914 bis heute. Berlin 1988.

- Schmidt-Bergmann, Hansgeorg: Futurismus. Geschichte, Ästhetik, Dokumente. Reinbeck bei Hamburg 1993.

- Simonetta, Ciranna: Mediterranea, Architettura. Wicitecnica.com/storia, 23. 10. 2011.
- Spagnoletti, Giacinto: Storia della letteratura italiana del novecento. Rom 1994.
- Vacca, Rafaele: Note su Capri, guida. Neapel 2004.

BILDNACHWEISE:

Für die Auswahl und Bearbeitung der in diesem Buch verwendeten Bilder ist allein der Autor Zoltan Magyar verantwortlich.

Die Beschriftungen, bei Bedarf mit Quellenangaben, wurden vom Autor für die Verwendung in diesem Buch hinzugefügt. Die Abbildungen stammen zum größten Teil aus der Bildsammlung des Autors, darunter eigene Reise-aufnahmen, meist neu digitalisiert. Andere Illustrationen wurden vom Autor zeichnerisch nachgebildet.

zoltan@magyar.de

Mein eigener Albtraum

Wenn man im Mittelmeerraum geboren und dort aufgewachsen ist, bleibt man irgendwie an diesem Mythos – wenn auch nur fluid – hängen. Schon mein Budapester Großvater, obwohl gar nicht am Mittelmeer geboren und aufgewachsen, ließ sich als Tourist in den Jahren um 1890 von Rom, Neapel, Sorrento und Capri fesseln. Als er dann als kaiserlich und königlicher Husaren-Rittmeister a.D. nach Ragusa in Dalmatien zog, kaufte er sich in der Bocche di Cattaro ein breites bewaldetes Landstück an der Küste und gründete dort 1902 sein „Belle Èpoque"-Hotel, damals das erste überhaupt im heutigen Montenegro.

In der Zwischenkriegszeit blieb das Hotel die existenzielle Grundlage der Familie – die die Missstände der beiden Weltkriege dort auch durchlebte –, um 1948 verstaatlicht zu werden, und zwar völlig entschädigungslos. Die zuständig gewordene Gemeinde Herceg Novi überließ es jedoch gegen eine Bezahlung im damaligen Wert von 100.000 US-Dollar der Gemeinde Sarajevo – die das Hotel zu einer Kindererholungsstätte degradierte. Das deutlich veraltete Haus ist zwar während des Bürgerkriegs als Admiralitätssitz der Rest-Jugoslawischen Kriegsmarine wieder aufgewertet worden, wurde dann um 2005 aber verlassen und – auch auf Grund des touristischen Rückgangs – zur Ruine verkommen lassen.

STRANDHOTEL ZELENIKA Rekonstruktion

Nach der politischen Wende wurde ein Gesetz zu Rückgabe von derart entwendeten Vermögen erlassen. Nachdem Montenegro unabhängig geworden war, erließ die Gemeinde Herceg Novi 2007 einen Rückgabebescheid, zugunsten der Erbengemeinschaft – von der ich der Älteste bin. Es wurde festgestellt, dass die Verstaatlichung damals ohne Entschädi-

gung vollzogen wurde, formal zu unveräußerlichem „Volkseigentum", also nur mit Nutzungsrecht zugunsten der Ortsgemeinde. Mit der Wende wurde es also gesetzlich und menschenrechtlich rückgabepflichtig, an die Erben des Ureigentümers. Sogleich habe ich die Ruine betreten, sie fachgerecht vermessen und das Rekonstruktionsprojekt auf Baueingabe-Niveau erarbeitet.

Allerdings verzögerten die oberen Behörden die Bestätigung der Rechtsgültigkeit des Rückgabebescheids. Dieser Albtraum dauert bis heute, trotz eines amtsgerichtlich rechtsgültigen Urteils, aber ohne Bestätigung von höchster, verfassungsgerichtlicher Ebene des Staates. Zusätzlich enttäuschend verlief die Klage vor dem EU-Menschenrechtsgericht (Menschenrecht auf unentgeltlich entwendetes Eigentum) – und das bei immerzu laut deklarierten Menschenrechten. In Straßburg lässt man die Staatsgerichte erst einmal walten. Eines Rechtsstaates? So ist Sarajevo derzeit noch immer involviert und spekuliert auf den Verkauf dieser auf Millionen Euro geschätzten Immobilie...

STRANDHOTEL ZELENIKA

VORHANDEN

EG

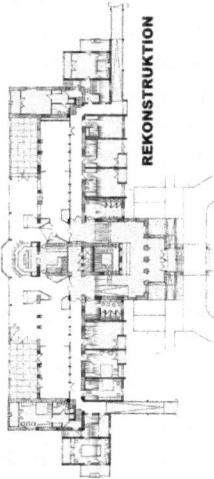

REKONSTRUKTION

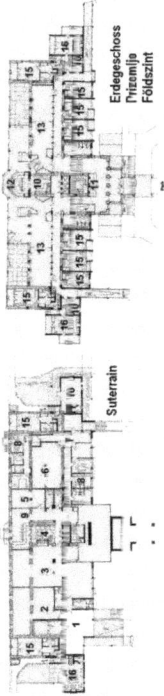

Suterrain

I. OG I.sprat I. emelet

Erdegeschoss
Prizemlja
Földszint

II. OG

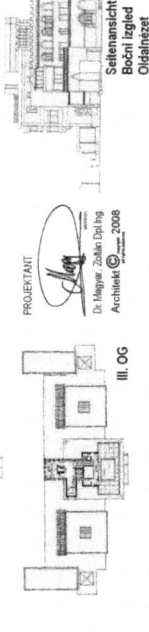

III. OG

Park

Seitenansicht
Bočni izgled
Oldalnézet

See more tenger

PROJEKTANT

Dr. Magyar Zoltán Dipl.Ing
Architekt © 2008

REKONSTRUKTION LEGENDE:

1. Einlieferung   dostava   beszállítás
2. Lagerräume   spremišta   raktározás
3. Küche   kuhinja   konyha
4. Weinkeller   vinarstvo   borpince

5. Friseur
6. Technik
7. Verwaltung   uprava   igazgatóság
8. Personal

9. Strand-Bar
10. Service
11. Rezeption
12. Veranda-Bar

13. Restaurant
14. Museum-Bibliothek
15. Zimmer   sobe   szobák
16. Appartaments
17. Suite

Zimmer: 22,   Appartamens: 8,   Suite: 1.

Brutto existent: 2300 m²/ 7000 m²
Brutto neu: 1200 m²/ 3700 m²

Rekonstruktion: 3500 m²/11700 m²

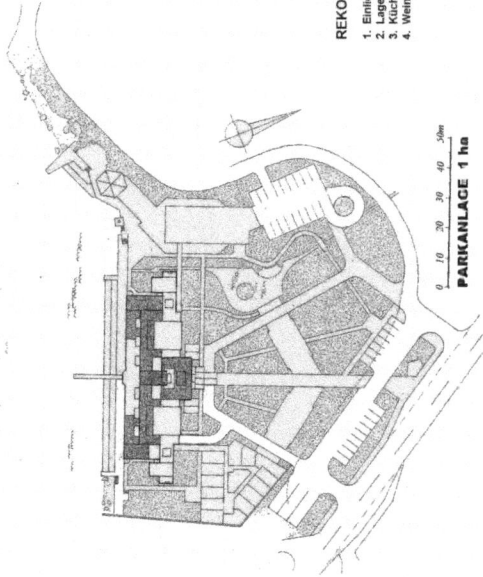

0 10 20 30 40 50m

PARKANLAGE 1 ha

www.ingramcontent.com/pod-product-compliance
Lightning Source LLC
Chambersburg PA
CBHW030854090426
42737CB00009B/1226

9 7 8 3 9 5 4 2 1 1 4 9 4